冷战后中国环境外交发展研究

LENGZHANHOU ZHONGGUO HUANJING WAIJIAO FAZHAN YANJIU

范亚新◎著

中国政法大学出版社

2015・北京

图书在版编目（CIP）数据

冷战后中国环境外交发展研究/范亚新著.—北京：中国政法大学出版社，2015.8
ISBN 978-7-5620-6217-2

Ⅰ.①冷…　Ⅱ.①范…　Ⅲ.①环境外交－研究－中国－现代
Ⅳ.①X-12 ②D820

中国版本图书馆CIP数据核字(2015)第175163号

出版者　中国政法大学出版社
地　　址　北京市海淀区西土城路25号
邮寄地址　北京100088信箱8034分箱　邮编100088
网　　址　http://www.cuplpress.com（网络实名：中国政法大学出版社）
电　　话　010-58908289(编辑部)　58908334(邮购部)
承　　印　固安华明印业有限公司
开　　本　880mm×1230mm　1/32
印　　张　7.625
字　　数　185千字
版　　次　2015年8月第1版
印　　次　2015年8月第1次印刷
定　　价　30.00元

序

范亚新博士的专著已经完稿并交付出版社排版，只是一直等着我为之作序。当我忙完分内分外的一堆杂事后，方静下来写序言，自感耽误了亚新博士专著的出版。好在她很包容，总是说，“别着急”。为亚新博士的新作《冷战后中国环境外交发展研究》作序，属我分内之事，同时作为一位研究中国外交的学者，我也乐于借此机会让更多的读者关注中国环境外交的过去、现在与未来。

环境问题的出现，改变了人们以往对自然界的认知，也改变和冲击着传统的国家间关系。从20世纪70年代开始，各国对世界生态环境问题的关注度逐步升温。至

90年代，面对生态恶化、环境污染、资源紧缺等全球性问题，有人士预言，生态环境的恶化将是21世纪人类社会所面临的最严重的全球性问题。人们不得不重新审视自己的社会经济行为和走过的历程，寻求一条经济、社会、人口、资源、生态环境等能够相互协调、形成良性循环状态的道路，由此实现人类社会的可持续发展并能够为后代提供良好的生存空间。

早在20世纪70年代，各国在寻求共同利益的前提下，在瑞典首都斯德哥尔摩召开了联合国人类环境大会，开始了世界规模的协调与合作。虽然在工业污染与环境保护问题上发达国家和发展中国家分歧较大，但大会的意义就在于，它促使国际社会关注人类的生产活动正在对自然环境造成破坏，向各国发出世界资源和环境已出现危机的警告，提出“在无破坏的情况下求发展”的思想，由此拉开了可持续发展国际合作的序幕。第27届联合国大会特别将斯德哥尔摩会议的开幕日——6月5日，定为世界环境日。冷战格局解体后不久，具有里程碑意义的联合国里约热内卢环发大会，又称地球首脑会议举行。尽管此时南北环发立场对立的格局尚未消除，各国仍然在发达国家是否应当承担环境恶化的主要责任、发展中国家应持何种发展理念的问题上存在争议，但是大会最终就保护人类共同的未来取得共识，通过了以可持续发展为主题的多个纲领性文件，把可持续发展确定为人类生存与发展战略。此后召开的联合国首次《气候变化框架公约》缔约方大会、达成《京都议定书》的东京会议等，开始了全球治理气候变化的行动，为21世纪进一步加强环境合作机制，推进南北国家间的协调，共同应对世界气候变化的严峻挑战，打下重要的基础。

随着对环境问题认识的深化，生态环境问题逐步被纳入国际安全、国家安全的研究范畴，“环境安全”或称“生态安全”、“绿色安全”为各国所重视。与传统安全问题不同，非传统安全问题作为一种全球性的威胁，危及世界各国的利益和安全，对环境安全威胁的治理如果仅靠个别国家或地区的努力是难以奏效的，因此，需要不断推进国际社会的携手合作。国际合作的推进带动了各国环境外交的活跃。

所谓环境外交，是指以国家为主的国际关系行为体，在环境领域中通过双边或多边外交途径开展的一系列活动。环境外交对国际关系产生了日益深刻的影响，许多国家把环境外交纳入了国家对外战略的总体框架之中。如在亚洲地区，日本借助其资金和技术较早开始了环境外交，并力求成为构建地区环境秩序的主导者。在冷战结束后的90年代，日本的环境外交十分活跃。1991年日本在东京召开了首届“亚洲太平洋环境会议”，抢在1992年联合国召开环发大会之前展现出日本的区域环保领军人的国际形象。1993年日本又制定了《环境保护基本法》，表示政府要积极推动建立国际合作基础上的全球环境保护机制。日本依靠拥有的较强经济实力，扩大其国际影响，将环境外交与日本的“走向政治大国战略”有机地结合起来。进入21世纪，日本加大对生态环境安全的关注度，推进对发展中国家的环境援助，并借2010年主办《生物多样性公约》第十次缔约方大会的机会，树立了负责任的环境保护大国形象。韩国的环境外交也很有特点，它将环境外交视为外交的重要组成部分，在发展中国家积极倡导“绿色增长”的环保理念，并为“绿色增长”出钱出力。为深化与东南亚国家的伙伴关系，韩国总统李明博2009年在韩国－东盟峰会上表示，把两亿东亚气候合作基金的50%用于同东盟的合作，并且首先考虑印尼、老挝、缅甸、越南、柬埔寨、菲律宾等国的绿色需求。韩国还积极推动与东盟共同发起的“亚洲森林合作组织”的建立，愿意承担该组织的主要活动经费。2011年韩国与丹麦、墨西哥共同发起“全球绿色增长论坛”，去年“全球绿色增长论坛”年会在首尔召开，探讨可持续发展问题。在韩国政府的高度重视下，由其主创的“全球绿色增长研究所”——旨在帮助发展中国家实现低碳绿色增长的智囊组织，已于2012年发展为国际机构，韩国为此感到兴奋，其环境外交影响力由此迅速扩大。

我国政府在环境外交领域重视环境保护的国际合作。1996年我国发布的《中国的环境保护》白皮书明确表示：作为国际社会的一名成员，中国在致力于保护本国环境的同时，积极参与国际环境事务，努力推进环境保护领域的国际合作，认真履行所承担的国际义务。我国先后与美国、日本、韩国、加拿大、俄罗斯等数十个国家签署了双边环境保护合作协议或谅解备忘录，在环境政策法规、污染防治、生物多样性保护、气候变化、可持续生产与消费等方面进行广泛的交流与合作。在中美关系中，环境保护问题也进入到两国高层对话议题中。如2008年12月中美举行第5次战略经济对话，双方签署了《中美能源环境十年合作框架下的绿色合作伙伴计划框架》，签署了关于节能环保和清洁水合作的两个备忘录等。双方表示在应对环境气候变化、能源安全挑战方面，要继续进行密切沟通与合作。在周边地区，中国与日本、韩国共同建设了环境部长会议机制。从1999年起，每年定期召开中日韩环境部长会议，讨论和解决区域环境问题。2015年4月在上海召开了第十七次部长会议，三方达成并签署了《中日韩环境合作联合行动计划（2015～2019)》。我国正以环境外交为助力，开展对外关系。

中国作为经济快速发展的国家，环境外交任重道远。从长远看，由于人口众多，经济发展和资源环境的矛盾会越来越突出，可持续发展的压力也会越来越大，国外媒体也出现了所谓“中国环境威胁论”的不负责任的炒作。因此，我国对内实施全面、协调、可持续发展战略，避免重蹈发达国家工业发展的覆辙；对外开展广泛的环境外交，是国家经济发展的需要，也是我国对全球可持续发展负责任的重要体现。我国政府已把环境提到战略的高度来认识，加强依法治理环境的力度。我国颁布的《中华人民共和国环境保护法》为中国环境保护的基本立法，该法去年做了修订，修订后的基本法已于2015年1月1日起实施。我国针对特定环保对象还出台了一系列环境与资源保护的专项立法。2015年7月1日，习近平在其主持召开的中央全面深化改革领导小组第十四次会议上，明确要严格落实环境保护主体责任。在依法治国的理念下，我国深化环保的法制建设，同时重视可持续发展的国际责任。胡锦涛2009年9月在纽约联合国总部举行的气候变化峰会上，发表了题为《携手应对气候变化挑战》的重要讲话，提出应对气候变化，国际社会应当履行各自责任、实现互利共赢、促进共同发展、确保资金技术的四点要义，展现了中国做负责任大国的态度。2013 年 9 月 7 日，习近平在哈萨克斯坦的纳扎尔巴耶夫大学发表演讲，在谈到环境保护时他指出，“我们既要绿水青山，也要金山银山。宁要绿水青山，不要金山银山，而且绿水青山就是金山银山。”再次表达了我国保护世界生态环境的诚意和决心。

亚新博士当年读书时，对中国环境外交的研究十分执着。她一边工作，一边学习，很是用功。撰写学位论文时，为了不受干扰，她刻意把自己关起来很长时间，潜心写作。刻苦加上她的聪慧，使其按计划完成了论文写作并通过答辩，其间的辛苦恐怕只有她自己清楚。亚新博士如今已在高校任教，这本书是她在学位论文基础上，继续对中国环境外交进行研究的一份成果。本书首先对我国环境外交的发展历程、主要特点、取得的成效进行梳理和论证，在此基础上分析我国环境外交存在的不足及遇到的障碍等。作者问题意识很强，同时也表现出对推进我国环境外交的责任意识。书中对环境外交的论证和分析，采取了国际政治的研究视角。她认为：环境问题已上升为国际政治的主流问题，而环境问题的解决也成为各国新的利益争夺点；大国力求主导国际环境机制，为此展开力量角逐，使得国际环境领域的利益格局更加复杂。作者的研究步步深入，从国家安全利益、主权利益、发展利益看问题，多角度地阐述了系统构建中国环境外交战略的总体思路。最后，作者基于环境外交对国家发展的重大意义，明确提出要重视和提高环境外交在中国外交转型中的战略地位，由此表明了作者的态度：应当进一步提升我国环境外交的地位，使其成为中国外交战略的重要组成部分。

相信本书的出版能够为我国环境外交研究增砖添瓦、增光添色。我对本书的出版表示由衷的祝贺，也希望亚新博士在该研究领域不断取得新成果。

卫　灵

2015 年 7 月 8 日于燕清源

目 录

绪 论

一、问题的提出

本书截取冷战后至今中国环境外交的一段历史，试图从外交学角度分析和解读当代中国环境治理发展的特殊历程，以及如何采取有效的外交努力去维护和促进中国生态文明建设的发展。

冷战后，在全球生态环境不断恶化的大背景下，伴随着中国工业化、城市化的快速发展，在中国经济保持持续高增长的同时，中国国内的环境形势日趋严峻，生态环境恶化的证据不断凸显，引起了国际社会、中国政府和社会各界的广泛聚焦，环境治理在中国国内政治中获得了前所未有的政策关注，引发了中国国内学界浓厚的研究兴趣。国内学界在学习和借鉴西方发达国家研究成果的基础上，从不同视角对本土的环境问题与环境治理展开了广泛的研究，并投入了大量的研究经费和研究精力。

概括起来，国内学界对中国环境问题和环境治理的研究主要有以下几个视角：

1. 技术视角。从科学技术与生态环境冲突的角度入手，分析和解读生态危机的根源，将环境问题纳入到技术领域，试图通过控制和改良技术来解决环境危机、实现有效的环境治理。其思想渊源可以追溯到《增长的极限》和《人类处于转折点》等世界环境保护启蒙的经典文献。

2. 发展视角。从经济发展与环境保护博弈的角度入手，通过反思发展的本质、内涵和终极价值，质疑传统的工业化发展思路、追求线性进步的经济增长观念，将环境问题纳入到经济领域，试图通过重新建构发展观念，理顺国家、市场和社会在环境治理中的关系，来解决当前面临的环境危局。其思想主要来源于当今世界关于环境治理的主流思想——可持续发展思想。

3. 政治学视角。将环境问题由传统的技术领域纳入到政治学的研究范畴，并形成了不同的学术偏好和研究路径。如：公共政策研究路径，即将基本的环境质量视为政府应当提供的公共产品；治理研究路径，即将环境问题视为多元主体治理行为的对象；安全研究路径，即将环境问题作为非传统安全威胁，纳入到国家安全战略的视野；生态政治研究路径，认为环境问题是对人类传统政治制度和政治学说的挑战，主张在人与人关系视域之外，立足于人与自然关系，重新探讨和建构人类政治生活的理论框架和政治行为的基本模式。

4. 伦理视角。将环境问题视为人类对自然的道德失衡行为所导致的社会问题，主张反思人类工业化以来形成的基本价值和思维定式，重新思考人与自然之间的角色关系，改良或摈弃传统工业化发展思路中极端的“人类中心主义”倾向，反对将自然工具化、商品化、对象化的功利主义思想，赋予自然独立的伦理主体地位和深层的伦理价值，强调人与自然之间伦理关系的整体性、多层次性和实践性。该观点认为解决生态危机的主要途径在于人类对人与自然关系的主观内省，构建包含道德行为主体的环境意识、环境道德观念、环境道德情感、环境道德信念、环境道德原则、环境道德规范等的环境道德伦理。

5. 权利视角。将环境问题纳入到法学研究的框架体系，认为健康的环境是每个公民应该享有的一项基本权益，环境恶化是对公民正当法律权益的侵犯，是对法律所维护的公平、正义等基本价值理念的背弃。该观点主张通过加强环境立法和完善环境标准，规范公民、法人和国家的行为，对于不断上升的环境问题通过严厉的法律手段加以矫正。

在目前国内学界对环境问题的研究中，每一种研究视角都有其独到之处，但是每一种研究视角都不能提供一种成熟的原创性理论去有效地解释和解决生态环境问题，尤其是当前中国经济社会发展现实中的严峻而复杂的生态环境问题。在今后很长的一段时间内，在环境问题的研究领域中，中国学者将不得不继续面对这种理论与现实之间的尴尬。如何有效地弥补这种理论与现实之间的落差，既是今后很长一段时间内中国学术界研究的学术热点问题，也是中国落实生态文明建设理论构想迫切需要攻克的理论难点问题。

能够通过自己的学术研究，去解决一个尚未形成定论的学术热点和难点问题，能够在还未引起重视的研究领域中发掘出新的研究价值，对于每一个研究者来说，都是一件非常有意义、有价值的工作。正是基于这一初衷，笔者选择从外交学的角度，研究中国在冷战后经济全球化大背景下所面临的主要环境问题、经历的历史变迁及其在转型期需要做出的制度选择。

环境外交源于环境问题研究的政治学视角，其在西方传统的国际政治研究与外交学研究以及中国当代的国际政治研究与外交学研究中，一直处于一种地位边缘化、理论框架相对模糊的状态。环境外交或混同于环境治理的层次研究，或作为国际环境法的研究背景，或作为国内环境政策的外延，理论研究起步都较晚，得到的学术关注和理论阐释非常有限，其研究的独立地位和理论价值还没有得到充分的发掘。但是，回顾现代意义环境问题研究历史，我们不难发现环境外交在世界环境保护史上所具有的重要意义以及中国环境外交在中国乃至世界环境问题研究中所具有的独特意义和重要价值。

对于现代意义环境问题的关注和研究，最早源于西方资本主义国家工业化时期的公害治理经验。20 世纪 30 年代至 20 世纪 70 年代，欧美发达国家爆发了世界环境保护史上著名的“八大公害”事件，在西方世界引发了环境保护启蒙思想的广泛传播和环境保护社会运动的蓬勃发展，进而推动了世界范围内环境政治和环境社会运动的发展。1972 年联合国人类环境会议的召开，将环境问题正式纳入到国际政治领域和联合国治理框架内，标志着现代意义的环境外交的开端。

环境外交与世界范围内环境保护运动的开展、环境观念的传播、环境政治的发展有着密切的联系。研究世界环境保护运动、国际环境政治、国际环境法、全球环境治理的发展历史，都不能脱离和孤立于对于环境外交历史的研究。对于上述研究而言，环境外交的发展历史不仅意味着一段国家对外关系的历史事实，而且意味着环境观念的来源、环境制度的建构、环境思想的启蒙、跨国环境合作行为的基础和纽带。同时，随着全球环境问题的不断恶化、环境因素在国际政治和国内政治中价值的不断提升，环境外交作为一个独立的外交领域，其地位与作用也日益得到了国家和以联合国为代表的主要国际组织的认同和重视。

中国环境外交在发展时间上是与世界环境外交同步的，

1972年的联合国人类环境会议也是中国环境外交的开端，此次会议是中国在恢复联合国合法席位后参与的第一次联合国框架内的多边外交活动，环境外交也是中国走向世界、学习和融入世界的最早的外交领域之一。中国的环境外交与世界的环境外交同时起步，在中国的外交建设、中国环境治理以及世界环境外交的历史上，具有不容忽视的重要地位。因此，系统地梳理中国环境外交的发展历史，深入探讨中国环境外交在各个发展阶段中的主要特点和基本问题，不仅有助于丰富对中国环境外交和世界环境外交的理论研究，而且能够更好地分析和解读当代中国环境治理发展的特殊历程，对于构建符合中国经济社会发展实际的环境外交战略、巩固和完善中国生态文明建设的整体布局具有重要的意义。

二、选题的理论和现实意义

本书立足于中国环境外交的理论与实践，选取冷战后至今中国环境外交的发展进程作为研究对象，在分析冷战后中国环境外交历史变迁的主要特征基础上，重点关注了中国环境外交在这一时期所面临的战略转型问题，探讨了冷战后至今中国环境外交的历史定位、战略转型过程中在国内与国际环境中存在的现实局限与发展契机以及为实现战略转型所必须进行的制度选择等问题。

本书的研究目的有三：

1. 厘清中国环境外交的历史轨迹与发展趋向，明确冷战后至今中国环境外交的历史定位，分析中国环境外交与世界环境外交、中国国内环境治理的互动关系，从中探寻中国环境外交发展的特点、在发展中存在的主要问题以及中国环境外交在理论与实践领域滞后于西方发达国家的主要原因。

2. 通过分析中国环境外交实现战略转型所面临的问题与机

遇，针对中国经济社会发展的战略转型和生态文明建设的现实需要，重新评估环境外交对于中国环境治理的价值，明确环境外交在中国外交格局中的战略地位，分析如何提高环境外交对于历史变迁的适应能力以及对于实现发展转型的战略构建能力。

3. 系统梳理中国环境外交理论研究的现状，评析中国环境外交理论研究中存在的问题和不足，旨在引起对环境外交的政策关注、研究关注和社会关注，抛砖引玉，吸引更多国内外交学界的同道参与到本土环境外交的研究工作中，填补国内关于环境外交尤其是中国环境外交研究的理论空白，关注中国环境治理过程中的现实性问题，建构和完善中国环境外交的理论体系，促进中国环境治理理论体系整体的协调发展，发掘本土问题的研究价值，提升本土学界的研究能力，逐步摆脱中国环境治理研究的对外依赖性，提高中国环境外交理论研究的独立性和实效性。

本书研究的理论和现实意义在于：

1. 适应环境问题在国际政治领域的发展趋势，探求中国外交在国际环境领域的双赢途径。生态环境是人类社会生存与发展的前提和基础，人与自然的关系贯穿了人类文明演进的整个历程，是人类文明发展进程中不能回避、不容忽视的一个重要主题。人类文明经历了原始文明、农业文明阶段，进入到工业文明阶段。人类在传统工业化发展阶段，在极端的“人类中心主义”发展观念的影响下，扭曲了人与自然的关系，为片面地追求经济增长，忽视了对自然的尊重和保护，将自然作为经济发展过程中的商品、对象、工具、附属物，利用人类对自然价值有限的认识和不断膨胀的技术能力，向自然肆意掠夺、无限制地排放污染物，在对生态环境造成了严重损害的同时，也威胁到了人类自身的经济发展与社会稳定，甚至威胁到了人类整体的生存和繁衍。

迄今为止，工业文明给人类带来的环境问题，远远超过了工业文明之前人类各种文明造成的生态环境问题的总和。与以往文明时代的环境问题不同，工业文明时代的环境问题影响范围更广，蔓延速度更快，内容及领域更具复杂性和综合性，危害后果往往具有不确定性和不可逆性，从而构成了现代意义的环境问题研究的独特对象。

虽然，自20世纪中叶起，西方理论界已经对现代社会所面临的环境危机敲响了警钟，1972年联合国人类环境会议召开后，环境问题开始被纳入到国际政治和国内政治的议题中，国际组织、各国政府和社会各界对于环境治理投入了极大的关注和努力，但是，环境问题只是在局部国家和地区得到缓解，而在世界范围内呈现出不断恶化的趋势。冷战后环境问题在全球范围内进一步加剧和蔓延，环境问题呈现出全球性、复杂性、严峻性和紧迫性等新态势，环境持续恶化的证据随着大众传媒的发展，不断呈现在公众的视野中。全球性环境问题日益显现和严峻的现实表明：全球性环境问题不可能单纯依靠某个大国或区域国家集团的力量、通过传统的政治外交途径加以解决，而必须调动全球力量、采取多种治理工具进行综合治理。

面对日益脆弱的地球生态系统和持续迫近的国际环境危机，中国作为世界上最大的发展中国家、正在快速崛起的社会主义大国，必须结合本国的具体国情和发展实际，积极开展环境外交，与国际社会同舟共济，共同应对全球环境问题，实现合作共赢。

2. 重视外交实践中对国家环境利益的维护，拓展中国和平崛起的“绿色”外交空间。环境外交始于1972年联合国人类环境会议，发展和成熟于冷战后。随着冷战后全球生态环境的日趋恶化，环境因素在国际政治中不再作为服务于经济、政治目标的工具，获得了独立的价值和主体地位，环境问题成为国际政治中的重点和难点，环境外交成为了国际外交中的热点和焦点。如何有效地避免高速工业化所带来的全球性环境风险，发展绿色、低碳、循环经济，在经济发展和环境保护之间实现双赢，在外交工作中有效地维护国家环境权益，成为21世纪各国经济社会发展、国家间开展合作与竞争的最重要的问题之一。

冷战后，在国际环境领域，逐步形成了以联合国为主导的国际环境机制和环境大国之间博弈的利益格局，各国根据国家利益的需要重新调整对外政策，将环境治理问题作为在全球范围内推行国家利益的重要途径。绿色、低碳和循环发展已成为世界潮流，绿色发展成为体现国家竞争力、占领战略制高点的重要领域。国家间围绕清洁能源技术、环境经济政策、气候变化问题等重要环境议题，在国际环境领域展开了新一轮的竞争与合作。

具体到中国的环境外交实践，中国环境外交在冷战后至今进入了一个重要的战略机遇期：中国作为世界上最大的发展中国家，处于全球工业化的下游地位，在其融入国际机制、实现和平崛起的历史进程中，不可避免地要面临人与自然的冲突、经济发展与环境保护的矛盾。中国在其经济社会发展的道路上，已经取得了令世界瞩目的成就，目前中国已经取代日本成为全球第二大经济体，中国的经济实力和综合国力不断加强，在周边地区与世界事务中的影响力和国际地位不断提高。

中国在经济持续增长、国际地位不断提高的同时，国内严峻的环境问题已引起世界的普遍关注，甚至引起了一些周边国家的误解和不满，国际社会在关注中国经济发展的同时，要求中国在绿色发展上承担更多的责任，在国际环境领域树立负责任的大国形象，为新兴市场国家和发展中国家做出表率。

值得注意的是，在现有国际环境机制中，西方话语体系的强势和对西方路径的推崇也是不容忽视的事实。在国际环境领域内，西方发达国家依靠自己的经济实力、国际地位、环境治理技术优势，操控和驾驭国际环境领域的主要谈判、规则议程，漠视广大发展中国家的利益和全球环境不断恶化的事实，绑架推销自己国家的环境技术和环境产品，在国际环境治理问题上变公益化为工具化，无视中国环境问题形成的历史原因和具体国情，夸大和妖魔化中国国内的环境问题，肆意渲染“中国环境威胁论”，对中国的经济发展制造舆论压力，为中国的和平崛起设置障碍。

这些问题的存在要求中国在积极加强国内环境治理的同时，必须高度重视环境外交工作，对外维护国家环境利益、对内促进国家绿色发展；引导国际社会形成正确的“中国生态环境观”，逐步探索中国和平崛起的“绿色”突破点，为实现中国特色大国外交战略开辟一条“绿色通道”。

3. 强调环境外交在中国经济发展转型中的战略地位，提高国内生态文明建设的外交保障能力。冷战后，随着中国工业化、城市化的快速发展，中国国内环境问题出现了持续恶化的趋势，部分地区已经接近生态崩溃的边缘，历史遗留问题与新生环境问题交叠累积，环境突发事件和环境群体性事件的数量不断上升。中国用三十多年的时间完成了西方发达国家几百年走过的发展道路，同时也付出了高昂的资源环境代价，即西方发达国家已经经历的和正在面临的各种环境问题高度浓缩、重叠累加在中国这三十多年发展的时空维度里。

环境问题持续恶化的趋势，在中国国内引起了前所未有的社会关注和政治关注，环境因素在中国内政外交中的价值和影响力不断上升。

例如：在 2010 年 10 月中共十七届五中全会审议通过的《中共中央关于制定国民经济和社会发展第十二个五年规划的建议》中，就强调“加快转变经济发展方式是我国经济社会领域的一场深刻变革，必须贯穿经济社会发展全过程和各领域”，“坚持把保障和改善民生作为加快转变经济发展方式的根本出发点和落脚点”，“坚持把建设资源节约型、环境友好型社会作为加快转变经济发展方式的重要着力点”。[1]

2012 年的十八大报告提出系统的生态文明建设理论，并将生态文明建设纳入到中国特色社会主义理论“五位一体”的战略布局当中，环境因素的价值在中国政治生活中得到了有史以来最高的重视，环境治理对于中国经济社会发展的基础性、全局性、突出性地位得到了最高的政策确认。

2015 年的中国政府工作报告措辞更为严厉，对于环境治理的意愿更为强烈。指出要“打好节能减排和环境治理攻坚战。环境污染是民生之患、民心之痛，要铁腕治理”[2]。

伴随着中国经济与社会发展模式的转变，环境因素在中国内政外交中已经不再仅仅局限于技术领域，而是逐渐上升为国家利益问题、国内民生问题、可持续发展问题、重要的非传统安全问题、中国实现和平崛起的战略问题，并在党和国家的大政方针中得到明文确认和具体保障，环境问题出现了政治化、

〔1〕 中共十七届五中全会在京举行，全会听取和讨论了胡锦涛受中央政治局委托作的工作报告，审议通过了《中共中央关于制定国民经济和社会发展第十二个五年规划的建议》，见中华人民共和国中央政府环境保护部网站，http：//www. mep. gov. cn/zhxx/hjywyd/201010/t20101019_ 195712. htm.

〔2〕 “李克强作 2015 年政府工作报告（全文）”，见中央政府网站，http：//www. gov. cn/guowuyuan/2015 -03/16/content_ 2835101. htm.

社会化、安全化趋势，环境治理在中国当代经济社会发展转型过程中取得了与经济发展同等重要的地位。

同时，环境治理对实现中国当代经济社会发展的转型具有基础性和关键性的作用。中国目前已经成为一个新的世界工厂，环境问题不仅威胁着经济发展的基础，而且危及民生问题的根本，环境问题的进一步恶化甚至会引发不同程度的国内政治危机和社会危机以及与周边国家的环境争议。因此中国在由“中国制造”走向“中国创造”的过程中，如何重新解读和深化理解发展的内涵，在生存与生态之间寻求平衡，开辟出一条新型工业化道路；如何在经济发展的同时，有效地解决自身的环境问题，维护中国和周边地区的生态安全与社会稳定，将中国自身发展与世界发展有机结合起来，在全球环境治理中为建设地球家园和实现人类福祉真正发挥出积极的和建设性的作用，营造“绿色中国与和谐世界”，既是中国在全球环境治理中的国家责任，也是中国经济持续发展的根本保障。

因此环境外交必须适应国内经济社会发展模式转变的战略需要，提升自身在中国外交格局中的战略地位，及时把握发展契机、突破现实局限、加强理论建设、重视战略建构，为中国国内发展绿色经济、建设生态文明及时引进必要的资金技术，并将中国环境治理的背景、理念和成就及时传递给世界，消弭误会与分歧，寻求支持与合作，为中国的生态文明建设营造和谐的国际环境。

4. 探讨冷战后中国环境外交的理论建设问题，丰富中国外交理论的研究领域。

回顾冷战后中国环境外交的发展历程，冷战后至今是中国环境外交发生历史性转变、取得实质性发展的阶段，也是中国环境外交实现战略性突破、全面提升外交地位的关键阶段。在这一阶段，一方面，中国在国内环境治理缺“核”少“芯”的劣势下，通过在双边、多边领域广泛开展环境外交，逐步完成了对中国的环境外交基本框架、环境法律体系、国内环境社会参与、国内环境基本理念的构建，为中国环境外交走向成熟作了观念上、制度上、组织结构上和社会参与上的准备，环境外交的国内环境相对完善，内生动力不断提高。另一方面，中国环境外交的参与主体从单一走向多元，参与能力不断提高、参与范围不断拓展，在某些领域已经具备了一定的话语建构能力，具备了与世界环境机制对话的基本资格；中国环境外交正在发生着由被动接受向主动参与、由内化规则向建构规则、由单轨外交向多轨外交的角色转变，正在实践一条由农业文明向工业文明、后工业文明快速过渡的道路，建构一个有别于西方路径和发达国家主导的话语体系的环境治理模式，体现了发展中国家以外交塑造内政、以“走出去—引进来—走出去”为路径的独特发展进程，充实了中国外交布局，拓展了中国外交实践，丰富了中国与世界的传统外交理论。

然而，对于中国环境外交的现状尚不能过分乐观，与国际环境领域的其他环境大国相比较，中国虽然参与国际环境外交的时间较早，但是由于国内环境治理起步较晚、发展相对滞后，中国在与国际环境领域的互动过程中话语权非常有限。在理论研究方面，国外学者对国际环境外交、中国国内治理研究较多，而对中国环境外交关注较少；中国国内环境外交研究起步较晚，基础理论相对薄弱，总体上滞后于中国环境外交实践。在现有的国家政策体系中，对国内环境治理的重视程度不断提高，但对环境外交的政策保障及其在中国外交格局中的地位问题涉及较少，在基本概念和战略定位上缺乏明确统一的界定，在具体问题的决策和政策规划中主要依赖于国外的理论研究和治理经验，缺乏来自本土智库的有效智力支持。

因此中国环境外交虽然有着良好的发展契机，但却缺乏明确的前景规划，在政策激励、能力建设和保障系统等方面存在诸多不足，这些问题严重阻碍了中国环境外交的进一步发展，从而限制了其在历史机遇期实现战略突破的能力。因此必须重视冷战后中国环境外交的历史与理论研究，探寻中国环境外交发展的自身特色，从战略高度和长远角度把握中国环境外交的定位和方向，推动环境外交在中国外交格局中实现战略地位的全面提升。

三、国内外研究现状

（一）国外研究现状

1. 环境外交概念的提出。环境问题最早进入国际关系领域始于19世纪末。二战后，随着西方发达国家“公害”问题的愈演愈烈，环境问题在国际关系领域的受重视程度逐渐加大。1972年联合国人类环境会议后，环境外交正式开始；1973年联合国环境规划署成立，各国纷纷设立了环境机构。但截至冷战结束前，环境外交还处于起步阶段和边缘地位，属于“低级政治”问题，带有区域性、临时性等特征，对于环境外交的研究集中于西方发达国家的主要环境大国，研究中对于基本概念分析的深度相对有限。学界对环境外交的正式提法，最早见于美国密歇根大学《环境外交：对美加越环境问题的回顾与展望》；[1] 1987年《我们共同的未来》中提及“环境外交政策”，

〔1〕 John Edward Carroll, *Environmental Diplomacy: An Examination and Prospective of Canadian - U. S. Trans - boundary Environmental Relations*, University of Michigan Press, 1983. 转引自丁金光：《国际环境外交》，中国社会科学出版社2007年版，前言第3页。

但未作具体说明；1989 年，日本外务省正式提出了“环境外交”，并付诸外交实践，20 世纪 90 年代环境外交的概念逐步形成。

2. 冷战后，国外学界对环境外交的研究更为深入和系统。1988 年以后，美国、英国等西方发达国家的知名高等院校、国际政治研究所和其他民间研究机构开始关注环境外交问题，比较有代表性的著作是《国际环境外交》（剑桥大学出版社 1988 年版）。冷战后，西方发达国家对环境外交的研究更为深入和系统，主要表现为：①开始突出这一阶段环境外交的全球化背景，比较有代表性的专著有《环境外交：达成更多有效的全球协定》（牛津大学出版社 1996 年版）、《全球环境外交》（麻省理工学院出版社 1997 年版）等[1]；②研究的领域更为广泛和深入，在探讨环境外交概念和基本理论问题的基础上，开始涉及环境外交与环境法、环境安全的联系等；③重视环境外交的技术性问题，对其进行了深入系统的探讨，如 2001 年出版的《地球谈判：分析三十年的环境外交》重点探讨了国际环境外交的技术性问题，以及国际环境谈判的实效性问题，[2] 2002 年赵怀普等翻译的 R. P. 巴斯顿的《现代外交》（世界知识出版社 2002 年版）一书，也对环境谈判的环境、过程、形式、角色等要素进

〔1〕 Lawrence E. Susskind, *Environmental Diplomacy: Negotiating more Effective Global Agreements*. New York: Oxford University Press, 1994; Mostafa kamal Tolba, *Global Environmental Diplomacy: Negotiating Environmental Agreements for the World, 1973 - 1992, Cambridge: Cambridge University Press*, 1988. 转引自丁金光：《国际环境外交》，中国社会科学出版社 2007 年版，前言第 3 页。

〔2〕 Pamela S. Chasek, *Earth Negotiations: Analyzing Thirty Years of Environmental Diplomacy*, John Hopkins University Press, 2001. 转引自黄全胜：《环境外交综论》，中国环境科学出版社 2008 年版，第 5 页。

行了系统的分析。

3. 冷战后，国外开始出现环境外交的专门性研究机构和专题研讨会。冷战后，环境外交逐渐受到国外民间研究力量的重视，专门性的环境外交非政府组织机构开始出现，其中比较有代表性的是美国环境外交中心[1](Center for Environmental Diplomacy，CED)。该中心成立于2005年，主要研究和从事环境外交和可持续发展环境服务、环境外交建设、环境容量发展和青年能力建设，组织交流有关的研究成果和收集非政府组织活动的信息，促进环境外交的伙伴关系和网络宣传，促进专家之间的对话以及与政府官员的沟通。同时，国外学界开始举办环境外交专题研讨会，如1998年11月18日，美国约翰霍普金斯大学举办了环境外交专题研讨会，来自德国、美国、欧盟的高层决策者、非政府组织代表、专家学者出席了会议，会议针对环境外交问题展开了广泛的研讨，涉及的问题有：环境外交的全球生态背景、在一个不平等世界条件下的环境外交、贸易与环境外交、国际金融与环境外交、环保主义合法化等，[2] 在西方政界和学界产生了广泛的影响。

4. 冷战后，主要国际组织和一些发达国家政府开始重视对环境外交的研究和政策建构。联合国环境规划署（United Nations Environment Programme，UNEP）发布的《全球环境展望》(Global Environment Outlook，GEO)，《联合国千年生态系统评估》(Millennium Ecosystem Assessment，MA）以及世界观察研究

---

〔1〕 见美国环境安全研究学会网站，http：//www. envirosecurity. org/actionguide/view. php？ r = 63&m = organizations.

〔2〕 The American Institute for Contemporary German Studies (AICGS), *Environmental Diplomacy* (*Conference Report*), The Johns Hopkins University, 1998. 转引自丁金光：《国际环境外交》，中国社会科学出版社2007年版，前言第3页。

所（World Watch Institute，WWI）发布的《世界资源报告》（*World Resources*）已成为世界范围内环境治理、环境外交研究必须参考和援引的基础性资料；国际上著名的环境非政府组织，如地球之友（Friends of the Earth International，FoEI）、世界自然基金会（World Wide Fund for Nature，WWF）、绿色和平组织（Greenpeace International），汇集了大批环境领域的专家学者，在环境外交的理论研究中做了大量前瞻性的研究工作。世界观察研究所，国际可持续发展研究所（International Institute for Sustainable Development，IISD），国际环境与发展研究所（International Institute for Environment and Development，IIED）等已成为国际环境领域权威性的智囊研究机构，其中世界观察研究所在能源与气候变化、绿色经济、农业生态等研究项目中作出了贡献，国际环境与发展研究所与国际自然保护同盟（the International Union for Conservation of Nature，IUCN）1994 年完成的《国家可持续发展战略》，为系统建构可持续发展战略提供了可行性方案，也为环境外交的研究提供了借鉴。美国官方于 1997 年发布的《环境外交报告》(Environmental Diplomacy：Environmental & US Foreign Policy)，对冷战后美国环境外交战略进行了系统的阐述，报告详细列举了冷战后可能威胁到美国战略利益的环境问题，明确了美国在国际环境领域的关注焦点，指出“国际环境问题已从边缘走向主流”、美国将采取措施“将环境政策溶于外交政策之中”,〔1〕并高度关注中国的能源需求和环境问题，将与中国的关系列入了美国未来双边领域环境外交计划，以实现美国在国际环境领域的国家利益和战略扩张。

---

〔1〕 参见丁金光:《国际环境外交》，中国社会科学出版社 2007 年版，第 250 ~ 267 页。

5. 国外学界对冷战后至今中国环境外交的研究。在国外学界对环境外交的研究中，占主导地位的主要是美国、英国、德国等欧美发达国家，但在其相关研究中并没有明确的“冷战后环境外交”的提法，在研究中对冷战后环境外交也没有给予专门的重视；在对中国环境外交的研究中，没有充分考虑到中国作为发展中大国的历史、人口和经济发展的压力，没有考虑到中国环境治理发展道路的独特性，也没有对中国环境外交的历史与现状展开深刻的比较分析，而是将研究的关注点集中于一些诸如中国在气候变化、青藏高原保护、《北京宣言》等具体问题和具体领域的应对策略，研究难免浮于表面，与中国环境治理的现实相脱节；同时缺乏对中国环境外交的历史和现实的持续和全面的关注，将研究的注意力更多地放在了中国国内环境治理、中国国内环境政治等国内问题上，如新加坡国立大学东亚问题研究员陈刚博士在2007年7月至2008年6月的新加坡《联合早报》上发表了《气候变化——中国必须面对的新挑战》、《环保城意味着什么》、《环保文化与生态问题的解决》、《中国试图以制度建设取代环保风暴》、《空气质量也是软实力标志》等文章，在《京都议定书与集体行动的逻辑》、《中国的环境治理——问题、条例和新政策》（与杨答理合著）、《影响跨世纪中国外交的地缘政治因素》、《一个任重道远的绿色问题：环境政策、法规和治理》、《反思中国的环境战略和外交政策问题转型》等著作和论文中对中国的环境外交工作，结合具体领域的具体问题进行了评价。

上述研究对于开展中国环境外交的研究均有一定的借鉴价值，但是，其研究的问题相对零散、分散，缺乏整体性和系统性，对于问题的分析往往点到为止，而没有进一步剖析中国环境外交对国际环境治理与中国国内环境治理发展的历史作用，没有深入挖掘中国环境外交独特的发展历程、进化阶段及其所承载的深层价值。

（二）国内研究现状

1. 国内学界对环境外交的研究起步较晚，研究工作主要集中在冷战结束后。我国学界对国际环境问题的关注始于 1972 年的联合国人类环境会议，截至冷战结束，我国对于国际环境问题的研究一直处于薄弱状态，在基本概念与主要问题的理解上与国际社会相去甚远，如在最初参与环境外交工作时，我们将环境问题理解为“废水、废弃、废渣”的工业化污染初级的“三废”问题，而国际环境领域讨论的环境问题却是工业化过程中已形成污染气候的“公害问题”。因此，在国际环境领域，中国环境外交在与世界的对话能力上尚处于启蒙阶段。

我国媒体提及环境外交最早见于 1989 年 2 月 1 日《人民日报》中《竹下访美和日美关系新动向》一文。在 1989 年以前，我国政府一直未将环境外交列入国家环保或国家外交工作年度要点。1989 年 10 月，国家环保委员会第 16 次会议，首次明确提出要开展环境外交，这是我国官方关于环境外交的第一次正式提法。

在我国国内研究领域中，研究环境外交问题的专著非常有限，主要有：蔡守秋的《环境外交概论》（香港中华科技出版社 1992 年版），王之佳的《中国环境外交》（中国环境科学出版社 1999 年版）、《对话与合作：全球环境问题与中国环境外交》（中国环境科学出版社 2003 年版）、《中国环境外交（上）：从斯德哥尔摩到里约热内卢》（中国环境科学出版社 2012 年版）、《中国环境外交（下）：从里约热内卢到约翰内斯堡》（中国环境科学出版社 2012 年版），丁金光的《国际环境外交》（中国社会科学出版社 2007 年版），张海滨的《环境与国际关系：全球环境问题的理性思考》（上海人民出版社 2008 年版），黄全胜的《环境外交综论》（中国环境科学出版社 2008 年版），于宏源的《环境变化和权势转移：制度、博弈和应对》（上海人民出版社 2011 年版）等。

从研究内容上看，主要涉及以下几个方面：

（1）环境外交基础理论研究，其中：蔡守秋的《环境外交概论》将环境外交作为国际环境法的知识背景，对环境外交的基础理论进行了概括性的介绍，是我国首部系统探讨环境外交基本理论的专著，其不足之处在于知识性介绍居多，外交学理论分析较少。

丁金光的《国际环境外交》，是国内环境外交基本理论研究的开创性著作之一，该书比较完整地展示了国际环境外交的整体框架，总结了国际环境外交的成就、不足和问题，采取多元主体的分析方法，对联合国、环境非政府组织、西方发达国家的环境外交逐一评析，探讨了开展东北亚环境合作和中国环境外交的现实情况，其在总体思路设计上，侧重于对西方发达国家环境外交的研究，但是缺乏对发展中国家在环境外交领域的地位和作用的探讨以及缺少对中国环境外交理论和实践的整体把握和系统总结。

黄全胜的《环境外交综论》，采取了多种研究方法，将环境外交置于全球化的大背景下，对环境外交基本理论进行了研究和探讨，关注了气候变化问题等国际环境外交的热点问题，探讨了环境问题政治化对中国经济社会发展和外交工作的影响，其不足之处在于全文缺乏统一的理论框架，没有形成清晰的分析思路，在基本概念和理论上缺乏进一步的联系和整合，对中国环境外交基本上一笔带过，对中国环境外交的问题和对策只是进行了笼统的概括，而对于中国环境外交与世界环境外交的相互关系、中国环境外交在中国外交中的地位和作用，以及如何将环境外交的基本理论与中国环境外交的具体实践相结合等问题缺乏应有的关注与论证。

（2）环境外交历史研究，其中：王之佳的《中国环境外交》（中国环境科学出版社 1999 年版）采取历史分析的方法，以 1972 年中国开始开展环境外交到 1999 年为研究时段，对中国环境外交展开了系统的回顾、分析与展望，对于研究中国环境外交实践具有重要的历史价值。美中不足的是，由于该书完成于我国环境外交研究初期，因此存在着基本概念界定不清、基础理论研究不透彻等问题。王之佳的《对话与合作：全球环境问题与中国环境外交》、《中国环境外交（下）：从里约热内卢到约翰内斯堡》是对《中国环境外交》后续在具体环境问题领域的补充和拓展。

张海滨的《环境与国际关系：全球环境问题的理性思考》，在第一章、第二章介绍了环境外交的发展历程和基本格局，以及中国的环境外交问题，从国际视野宏观地探讨了中国环境外交的演变。对于中国环境外交的具体实践，则采取了案例分析的方法，但未作全面展开。

（3）环境外交重点领域的研究以及其他相关研究，其中：于宏源的《环境变化和权势转移：制度、博弈和应对》一书，在第四章介绍了在气候变化领域中国环境外交的具体应对策略。其他国际政治专著如蔡拓的《全球问题与当代国际关系》（天津人民出版社 2002 年版）、国际环境法专著如林灿铃的《国际环境法》（人民出版社 2011 年版）等，都只是在某些章节、段落的内容中对环境外交有所涉及，但未对其进行进一步的研究和总结。

根据中国期刊网、人大复印资料及其他数据库以及中国知网截至2010年7月31日的检索结果显示，我国学界关于环境外交的论文主要集中于20世纪90年代至今（1989年只有郭来喜的《创刊词》），我国学界关于环境外交的研究体现了很强的现实性，紧跟国际热点和国家决策，研究热情随着政府的关注度而波动。以中国期刊网全文数据库检索结果为例，共检索论文169篇，其中以2002年和2008年两年发表的论文最多，其中2002年13篇约占论文总数的7.69%，2008年23篇约占论文总数的13.61%，论文的数量和内容与2002年的世界可持续发展首脑会议召开、《北京宣言》通过、中国“两会”热议环保、环境保护列入十六大全面建设小康社会目标，以及2008年的全球可持续远景目标的建立、低碳经济的提出、中国环境保护部的组建、《可持续发展北京宣言》的公布等国际国内热点问题有着密切联系；从论文内容上看，上述169篇论文论述的问题主要集中于以下几方面：一是外国环境外交政策分析，如赵凯的《浅谈美国的环境外交》（《福建省社会主义学报》2010年第4期），于宏源、汤伟的《美国环境外交：发展、动因和手段研究》（《教学与研究》2009年第9期）；二是环境外交基础理论研究，如那力的《概念透视：环境安全与环境外交》（《法制与社会发展》2000年第6期），蔡守秋的《论环境外交的发展趋势和特点》（《上海环境科学》1999年第6期）；三是各国环境外交政策比较研究，如张海滨的《世界环境七大国：环境外交之比较》（《绿叶》2008年第4期）；四是国际环境外交实践研究，如海证的《联合国环发大会与国际海洋环境外交》（《海洋与海岸带开发》1994年第1期），刘大群的《国际环境外交新动向》（《国际问题研究》1990年第4期）；五是中国环境外交研究；六是其他有关环境外交的研究等。

总之，在中国理论界对环境外交的研究工作中，研究方法涵盖了对中国环境外交的历史研究、法律研究、政策研究和制度研究等；研究内容上涉及了中国环境外交的历史、实践、主体、领域、相关领域、动因、成就与问题、发展趋势等。

2. 国内学界研究中存在的主要问题。

（1）研究缺乏系统性。从目前的国内环境外交研究现状来看，基本概念尚未达成共识，研究问题比较分散，缺乏系统性研究和整体性规划；研究工作多局限于应急性研究，前瞻性研究和基础性研究有所欠缺；研究工作整体呈忽冷忽热状态，对问题的持续关注不够。目前国内环境外交的研究主体相对集中，如环境保护部的官方研究机构、政府环境研究智库和高等院校的相关环境问题研究所，虽然已经出现了如丁金光、张海滨、蔡守秋等领军人物，但尚未形成专门的学术研究团体和定期的学术讨论机制。

（2）研究缺乏规模性。目前国内大学和研究机构只有青岛大学国际政治专业设置了国际环境外交研究的专业方向，其他大学和研究机构尚未设置环境外交专业；国内尚未举办过关于环境外交问题的专题研讨会，也没有出版过有关专题的学术论文集，国内学界对于环境外交的研究在研究队伍、研究能力、研究成果等方面，无法满足中国环境外交实践不断发展的要求。

（3）研究缺乏建设性。在环境问题的研究领域，对环境外交研究的投入和重视程度不够，环境外交学研究在学科地位和经费支持等方面，与环境法学研究、环境经济学研究有一定差距；我国国内环境外交理论研究队伍中，能够真正参与到环境外交实践，为政府提供政策咨询意见的主要是官方研究机构和主要环境非政府研究机构。官方机构主要集中在环境保护部、外交部；环境非政府研究机构中，中国环境与发展国际合作委员会（以下简称“国合会”）是国内权威性的环境研究智库，国际全球环境变化人文因素计划中国国家委员会、全球环境研究所、自然之友等也从不同程度为中国的环境政府决策提供参考和咨询。官方机构和主要环境非政府组织的研究，主要立足于影响中国环境决策的关键问题，具有很强的就事论事的策论色彩，对于中国本土的环境外交理论鲜有专门性、系统性的论述；而大学、科研院校的研究者则将主要精力集中于对国外环境外交理论的研究和传播，由于其自身很少有机会参与中国环境外交的决策和实践，对中国环境外交的具体实践很难形成直观的印象和深入的理解。

（4）研究缺乏本土性。我国国内环境外交研究起步较晚，本土研究力量相对薄弱。在对中国环境外交研究的成果中，对源于西方工业化发展模式、西方话语体系的环境外交基本理论的内化能力不够；缺乏对于中国环境外交与国际环境外交的比较研究，对于中国环境外交自身的发展规律、发展特色研究不足；在对中国环境外交的历史梳理中，重视对于发展历程的描述，而缺乏对发展进程的评价，在历史阶段划分问题上往往偏重于归纳事实，而缺乏对划分标准的深入分析；对中国环境外交的事实分析中，往往止步于对于具体政策的静态制度分析，而缺乏对中国环境外交过程中的互动关系的动态分析；对于中国环境外交是如何在与国际环境外交、中国国内环境治理的互动过程中完成与对方的相互建构以及自身历史进化的问题缺乏足够的关注，对于影响中国环境外交历史进化的主要因素没有给予足够的探讨，等等。

因此目前的国内研究无法从总体上把握中国环境外交发展的独特规律，无法为中国环境外交决策提供具有建设性的意见和对策；研究多是参照和模拟西方发达国家尤其是主要环境大国（美国、日本、德国）的环境治理路径和模式，而没有分析中国与西方发达国家在环境外交发展过程中内外环境上存在的差异，因此对于中国环境外交的本土性、特殊性缺乏进一步的研究和阐释。

总之，目前国内学界的相关研究，无论是从研究成果的数量和质量，还是研究理论的广度和深度，都无法满足我国目前环境外交发展的迫切需要。中国环境外交的理论研究严重滞后于中国环境外交的实践发展，中国国内环境外交研究领域存在着很大的空白，值得进一步挖掘和探索。

四、本书采取的研究方法和创新之处

（一）本书的研究方法

1. 采用理论与实践相结合的分析方法。本书以马克思主义的历史唯物主义和辩证唯物主义作为具体的理论分析工具，吸收和借鉴国内外学者、研究机构在全球环境治理、环境外交等领域的相关研究成果，结合历史与现实、环境外交理论与实践、国际环境与国内形势进行对照和分析，分析冷战后中国环境外交的发展相对于世界环境外交发展的特殊性，探讨中国环境外交发展在不同阶段的不同特点，重点研究冷战后至今影响中国环境外交发展的主要问题与主要因素。

2. 采用历史分析的研究方法。本书重新梳理了冷战后至今中国环境外交历史的发展进化过程，围绕对中国环境外交与国际环境机制、中国国内环境治理互动关系的动态分析，反思和评估冷战后中国环境外交的历史价值和主要成就，并在历史分析的基础上，围绕中国环境外交的发展进行制度分析、事实分析和价值分析，针对中国环境外交的战略转型问题，分析其观念基础、制度基础和社会基础，查找其在理论与现实之间的落差、事实与价值之间的困惑，明确建构中国环境外交战略中的重点、难点和盲点。

3. 采用比较分析的研究方法。本书通过比较冷战前后中国环境外交的变化，划定中国环境外交发展进程的不同阶段，明确冷战后中国环境外交的历史定位。本书还对环境外交的不同主体进行了比较，比较其在环境外交领域的不同作用，探讨中国环境外交的主体构成及其不同地位和作用。

4. 采用层次分析的研究方法。本书在第一章从多边领域、区域领域、双边领域等不同层次，系统总结冷战后中国环境外交发展的成效与贡献；在第二章从国际、国内、自身等不同层次，从观念、政策、实践等不同角度对冷战后中国环境外交的制约因素进行了系统分析；在第三章以内政与外交的互动影响作为分析视角，采用双重博弈论作为理论分析工具，从国际、国内环境两个层次，分析中国环境外交在国际环境领域、国内环境治理、中国外交格局等不同结构层次中的角色转变；在第四章借鉴了社会建构主义、软实力建设等理论成果，从角色定位、战略调整、政策激励、智力支持、能力建设、国内保障等方面入手，探讨如何系统重构中国环境外交的发展战略。

5. 采用案例分析的研究方法。本书选取典型案例，如核电安全问题、气候变化谈判、“绿色壁垒”等，结合中国环境外交的具体实践，分析在我国环境外交实践发展中存在的国际压力、能力建设、国际形象问题等。

（二）本书的创新之处

本书将研究方向聚焦于冷战后中国环境外交如何实现战略转型这个核心问题，以外交学的研究视角为主，同时借鉴了法学、历史学等相关学科的研究方法。

本书的创新之处主要体现在以下几个方面：

1. 在研究对象上，本书与以往关于环境外交的笼统研究不同，首次选取冷战后中国环境外交的发展进程作为研究对象，重点探讨了冷战后中国环境外交所面临的战略转型问题。在探讨中国环境外交历史阶段划分问题上，不同于以往对环境外交的历程研究，本书没有局限于对环境外交事实的简单描述和评析，而是将事实分析与价值分析相结合，聚焦中国环境外交的历史演进过程，结合国际和国内生态环境问题日趋紧迫、环境因素在经济社会发展中价值日益提升的历史背景，明确冷战后中国环境外交的历史定位、中国环境外交发展的特殊性和独立地位以及中国环境外交对于国际和国内环境治理的特殊意义，系统分析了冷战后中国环境外交的主要特点和发展趋势及其实现战略转型的制约因素和主要机遇等问题，并进一步提出了改进措施。

2. 在分析框架上，本书采取了纵向和横向两条线索，以冷战后中国环境外交的发展历程为纵向线索，以在中国环境外交发展中“中国与国际环境机制、中国国内环境治理的互动与构建”为横向线索，结合中国环境外交的发展历史进行事实分析、制度分析和价值分析，集中探讨中国环境外交在与国际环境机制、国内环境治理互动过程中的角色转变和重新定位问题。在对中国环境外交的历史进程分析中，既重视中国环境外交与国际环境机制、国内环境治理的相互联系，强调国际环境机制与国内环境治理的互动博弈对中国环境外交发展的影响，又关注了中国环境外交的历史进程与国际环境外交和国内环境治理的发展进程之间的区别，探讨中国环境外交发展进程中的国际化与本土化之间的关系，突出中国环境外交在国际环境外交和国内环境治理中的特殊性和相对独立性。

3. 在研究思路上，本书采取层次分析的思路，在观念、制度和社会实践等不同层面，对冷战后中国环境外交的历史和未来展开分析；在分析层次上除关注国际层次、国家层次的环境外交实践外，还涉及了环境非政府组织以及个人层次的环境外交实践，并简要研究了国家元首、意见领袖对于中国环境外交进程的推动作用。在回顾历史部分，本书结合理论与实践，从指导思想、理论研究、组织体系、社会参与等方面，系统总结中国环境外交在冷战后所取得的发展；在反思历史部分，本书兼顾国际视野与国内视角，从国际、国内以及自身等不同层次，分析了中国环境外交的制约因素和发展契机；最后，本书提出要从理论、政策、激励机制和保障系统等不同层次入手，探讨如何系统重构中国环境外交的发展战略。

4. 发掘了新观点，即中国环境外交与国际环境外交发展中存在着“同期不同步”的问题（同期即在发展历程上处于同一时期；同步是指在发展进程上，二者的能力、效果和影响处于相同程度）。对于这一问题的明确，有助于阐释中国环境外交的本土性和特殊性问题，从而能够更好地解答以下三个问题：其一，为什么我国环境外交与世界环境外交同时起步，而在现有的国际环境领域中话语权有限，在环境外交领域没有取得像美国、德国、甚至邻国日本那样的建树和影响，在现有的欧美话语体系的国际环境机制中，中国应该采取怎样的原则、立场、策略和步骤，来逐步提高中国环境外交的影响和效果，进而构建符合中国和广大发展中国家利益及发展需要的环境外交话语体系；其二，中国恢复联合国合法席位后向联合国派出的第一个代表团，就是以开展环境外交为使命的，环境外交可以说是中国外交工作中起步最早的领域之一，为什么在国内环境治理蓬勃发展的同时，环境外交在中国外交格局中没有取得相应的地位和发展；其三，在生态文明建设理论体系确立后，环境外交在中国环境治理和中国外交实践中的功能和价值越来越重要，而在中国国内政策体系中的定位和地位反而出现了弱化和模糊化的倾向，这种倾向会给中国环境治理和中国外交的未来发展带来什么样的影响，对于环境外交的未来发展应作出怎样的战略调整。

5. 运用了新资料。首先，本书分析了国合会的大量年会资料、案文和专题政策工作报告，探讨了国合会对于中国环境外交发展的智力支持和知识建构作用；其次，本书借鉴了中国本土非政府组织的研究成果，如自然之友编的《中国环境发展报告（2009）》等，意在补充研究中的民间角度和公众视角，从政府、环境非政府组织、跨国公司等不同角度探讨中国环境外交的发展演进；最后，本书采用了大量最新的研究资料，如 2011 ~ 2015 年的两会工作报告、十八大报告、《中共中央国务院关于加快推进生态文明建设的意见》等，关注了中国环境外交实践的最新动态和发展趋势以及中国环境外交理论研究的最新进展。

五、本书的研究思路

本书选取冷战后中国环境外交的发展进程作为研究对象，采取历史分析、比较分析和层次分析等研究方法，以冷战后中国环境外交的发展历程为纵向线索、以冷战后中国环境外交与国际环境机制、国内环境治理的互动关系为横向线索，截取中国环境外交冷战后至今的一段历史进行事实分析、制度分析和价值分析，重新评估这一时期的中国环境外交在中国总体外交、中国环境治理中的地位和作用，明确了中国环境外交发展进程的特殊性问题，即中国环境外交与国内环境治理的发展存在落差，二者之间的互动关系在不同阶段呈现不同特点，中国通过开展环境外交建构了中国现代意义上的环境治理框架，拉动了中国环境治理的整体发展，为中国提出系统的生态文明建设理论体系奠定了观念基础、社会基础和制度基础，但环境外交本身在中国的生态文明建设总体布局和外交工作整体布局中还没有得到应有的重视、取得应有的地位；中国环境外交与国际环境外交在发展历程上同期而在发展进程上不同步，中国环境外交虽然与国际环境外交起步时间相同，但在发展过程中承载的历史负担和现实压力过重，受到的政策重视和各种资源投入不够，因此在发展程度上相对滞后，对于自身发展战略的定位相对模糊，其外交能力尤其是话语建构能力有待提升。

本书写作的基本框架如下：

绪论部分介绍选题的理论和现实意义，国内外对该领域的研究现状、本书的研究方法和创新之处，并对环境外交、国际环境机制、国内环境治理等基本概念进行界定。

第一章主要是对冷战后中国环境外交发展历史的整体回顾，探讨了中国环境外交历史阶段划分问题，分析了冷战后至今中国环境外交的主要特点及其取得的阶段性成效。总结出中国环境外交在这一阶段的最主要历史贡献，即在建构中国环境外交自身基本框架的同时，带动中国国内对于现代意义的环境治理观念、制度、技能的启蒙和学习过程，促进了中国国内环境治理体系核心框架的建构，深刻影响了中国生态文明建设的整体格局，在国际环境领域取得了发展中国家意见领袖的地位，树立了负责任的大国形象。在此基础上，中国环境外交已经获得了与世界对话的能力，并具备了实现战略转型的观念基础、制度基础和社会基础。

第二章主要是对中国环境外交的制约因素的整体反思，论证了中国环境外交发展形势的严峻性。结合冷战后至今中国环境外交发展的历史与现实，从国际环境机制、“中国环境威胁论”、“中国环境责任论”、“绿色壁垒”等现实性问题入手，分析中国环境外交在国际环境领域中存在的局限性；从国内环境治理和外交政策保障等不同角度，探讨中国环境外交在发展过程中受到的主要国内制约；从先天条件、能力建设等方面，归纳中国环境外交自身存在的主要问题和缺陷。

第三章主要是对冷战后中国环境外交发展契机的战略前瞻，论证系统重构中国环境外交发展战略的必要性：以内政与外交的互动关系为分析视角，借鉴双层博弈论为分析框架，从国际环境和国内形势两个角度，分析中国环境外交在冷战后面临的历史机遇，即伴随着中国在冷战后国际环境领域的角色转变，环境问题在中国经济发展与外交转型中战略地位的持续上升、环境因素在外交工作中的影响和作用不断上升、环境外交在中国外交格局中的地位由边缘转向主流。

第四章主要是对冷战后中国环境外交发展战略转型的系统重构。在总结历史经验、分析现实局限的基础上，结合中国生态文明建设理论和实践的发展，论证当前中国环境外交实现战略突破的可行性。提出在中国外交战略中，应重视和提高环境外交工作的地位和作用，从角色定位、战略调整、政策激励、智力支持、能力建设、国内保障等方面入手，系统构建中国环境外交的发展战略，从而在中国特色社会主义生态文明建设中，实现内政与外交的良性互动，为21世纪中国经济可持续发展保驾护航，为中国实现和平崛起开辟绿色发展空间，为构建和谐世界提供生态保障。

第五章主要是总结与展望，对冷战后中国环境外交的历史进程在事实与价值层面进行理性反思，归纳出全文的基本结论：冷战后至今是中国环境外交的实质性发展阶段和战略转型的关键阶段，中国环境外交在与国际环境外交、国内环境治理的互动过程中，完成了学习和建构自身基本框架的过程，经历了“走出去 - 引进来 - 走出去”的独特发展过程，在理论和实践上实现了国际化和本土化的初步融合，在探索环境外交的中国特色和中国道路上做了有益的尝试，在国际环境领域与国内生态文明建设中获得了相对独立的地位和一定的上升空间。因此，在冷战后国际环境领域利益格局重新调整、中国经济发展与外交战略转型的大背景下，中国应及时调整关于环境问题的国家立场与对外政策，系统构建中国环境外交的发展战略，重视和提高环境外交在中国外交转型中的战略地位，完善中国特色社会主义生态文明建设的理论和实践。最后结合中国国内环境治理和国际环境领域的现实发展，针对中国环境外交实践中面临的两个重点和难点问题即核电安全问题，以及中国企业“走出去”给环境外交带来的新问题等，进行了补充说明。

六、本书基本概念的界定

（一）环境外交概念的界定

目前国内外的研究领域，对于环境外交的概念尚未达成共识。究其原因，是由于环境外交从起步至今只有不到四十年的历史，相关理论研究尚未成熟；加之环境外交属于交叉学科，涉及的领域非常广泛，短期内很难明确界定环境外交的研究边界，因此学界尚未形成一个权威性的概念。

目前国内研究领域对于环境外交概念的基本分歧，主要体现在对环境外交的主体界定上。根据主体内涵的不同，将环境外交的概念分为广义和狭义两种：

蔡守秋、张海滨、丁金光等学者主张环境外交应具有多元主体，包括主权国家或各国政府及其代表机构、国际组织、跨国公司等，采取的是广义的环境外交概念，可以概括为：环境外交即环境外交主体，主要是国家，围绕国际环境问题所展开的外交活动的总称。

王之佳以及国家环保总局的官方研究人员主张：环境外交的主体仅包括主权国家，采用的是狭义的环境外交概念，可以概括为：环境外交是以主权国家为主体，调整国际环境领域关系的外交活动的总称。

无论是环境外交主体的多元与单一之争，还是环境外交概念的广义与狭义之争，实际上争论的都是环境外交究竟是官方外交、还是官方外交与民间外交结合的问题；落实到环境外交的具体领域，就是环境外交是否应考虑和承认国际组织尤其是非政府组织和跨国公司的主体地位问题。

本书认为对环境外交概念进行界定，必须首先考虑以下三个问题：

1. 环境问题的性质和发展趋势问题。本书将环境概念界定为与人类的生活质量直接相关的自然生态环境。环境问题是指由于人类活动所导致的环境污染和生态破坏，以及造成的人类生存资源和生活空间质量下降的问题。与传统的国际政治问题不同，环境问题不以人类意志为转移，突破民族国家边界在全球范围内跨界流动。冷战结束后，环境问题呈现出全球性、复杂性、严峻性和紧迫性等新态势，环境问题的日趋凸显和恶化，进一步暴露出在全球化时代人与自然、政治权力的分裂性与自然环境的系统性、政府治理能力的有限性与环境治理问题的复杂性和艰巨性之间的矛盾。传统的主权国家以及国家中心主义的外交模式，已经无法有效地控制和解决环境问题在全球范围内的蔓延和恶化。要从根本上解决当前所面临的全球性环境问题，就必须全面反思和重新考量工业化社会以来人类所建构的生产和生活方式，在现有的国际关系体系中提出新的更有效的治理工具和治理方案。从这个意义上讲，主权国家虽然还是解决国际环境问题的最主要的组织者和行动者，但是全球环境问题的持续恶化过程中所暴露出的“政府无能”、治理失效，充分说明了主权国家治理能力的有限性，因此需要在保证主权国家的最重要治理主体地位之外，引入其他治理主体进行有效的参与、监督和补充。

2. 冷战后国际关系发展的新趋势。冷战后随着东西方两大军事集团对立局面的结束，国际关系领域的意识形态色彩逐渐淡化，开始出现了日益多元化的国际关系主体和日益规范化的国际机制，国际组织在国际关系领域的地位日益上升，影响的领域和范围日益扩大。以联合国为代表的政府间国际组织，在国际关系领域尤其是国际机制的形成过程中，发挥着愈来愈大的作用。具体到国际环境领域，联合国自1972年的人类环境会议以来，一直充当着国际环境领域最重要的组织者，在发起涉及人类共同利益的历次国际环境会议、制定关系到世界各国发展前景的主要国际环境公约、倡导改进人类整体发展模式的环境观念的倡导等方面，都发挥了积极的、主导性的作用；同时，其他政府间国际组织，如WTO、世界银行等也在发挥着越来越重要的作用。此外，非政府组织在国际环境领域具有不可替代的地位，非政府组织以自身的专业优势、组织优势和广泛的社会基础，参与和推动了环境领域国际机制的建构，以其民间角度、公众视角，监督和促进国际社会与各国政府有效地解决环境问题。因此，在考虑环境外交的基本定义时，不能无视国际关系发展的新趋势，而将环境外交主体局限于传统外交的单一主体。

3. 环境外交领域的具体实践。冷战后环境问题愈发突出，主权国家政府在环境治理问题上暴露出的局限与无能，为环境非政府组织的发展提供了广阔的空间。绿色和平组织、世界自然基金会、地球之友等在全球环境治理、可持续发展理念的推广、各国具体生态项目的实施方面发挥着愈来愈重要的作用；世界观察研究所、国际可持续发展研究所、国际环境与发展研究中心等已成为国际环境领域权威性的智囊研究机构；国际标准化委员会为在全球范围内推广和制定环境技术标准作出了突出的贡献。因此，环境非政府组织虽然基于自身局限，无法取代国家以及以联合国为代表的主要政府间国际组织的地位，但在国际环境领域也是一支不能忽略的治理力量。与此同时，随着全球环境保护运动的蓬勃发展，跨国公司在国际环境领域中，由最初的环境保护破坏者转向充当发挥建设性作用的角色。冷战后环境外交实践的发展，使公共外交和民间外交对传统的官方外交进行了有效的补充和修正，丰富了传统外交的内涵，拓展了传统外交的领域。

综上所述，本书认为对环境外交概念的界定，应该遵循三点原则，即能够有效地确定研究边界、能够有效地解释研究对象、能够有效地推进研究实践。因此，本书将环境外交概念界定为广义的环境外交概念，概括为：环境外交，即环境外交主体，主要是国家，围绕国际环境问题所展开的外交活动的总称。外交活动主要包括参与国际环境立法、开展国际环境合作、履行国际环境条约、解决国际环境争端等。环境外交的主体包括国家、国际组织和跨国公司，其中国家是最主要的环境外交主体。环境外交的客体是国际环境关系。环境外交根据具体领域可分为双边外交和多边外交，其中多边外交包括区域外交与全球外交。

（二）其他主要概念的界定

1. 国际环境机制。国际环境机制，是指在国际环境领域里，为解决国际环境问题，国际关系主体所达成的明示或默示的原则、规范、规则和决策程序的总称。国际环境问题是指超越主权国家国界和管辖范围的区域性和全球性甚至更大范围的环境污染和生态破坏问题。

国际机制作为一个专业词汇，其在学术界有不同的理解，其中被广泛接受的是克拉斯纳对国际机制的定义："在国际关系特定问题领域里行为体愿望汇聚而成的一整套明示或默示的原则、规范、规则和决策程序"，[1] 但同时还存在一些不同的理论理解。加之在国际环境领域，国际机制问题所涉及的内涵丰富，试图全面研究中国环境外交参与国际环境机制的诸多方面会使研究工作失之空泛。有鉴于此，本书将研究侧重于国际法律制度与国际组织这两个方面，将中国环境外交如何更好地参与国际环境法的构建，如何更好地参与国际环境组织的活动作为主要研究内容。

2. 国内环境治理。本书将国内环境治理概念限定为在民族国家的范围内，为解决环境问题所组成的、由政府主导的、社会力量参与合作的管理系统的总称。国内环境治理的目的在于实现国内环境管理需要与国内环境管理能力的持续平衡，推动国内经济与社会持续发展。

在国内治理的理论研究上，陈振明教授认为：治理理论体系主要有以下三种途径，即"政府管理"、"公民社会"、"合作网络"，目前被广泛接受的是合作网络途径。合作网络途径的治理是指"政府与社会力量通过面对面的合作方式组成的网状管理系统"，网络治理的实践类型包括：全球治理、民族国家的治理和社区治理。[2]

中国环境与发展国际合作委员会环境执政能力课题组在研

---

〔1〕 Stephen D. Krasner, "Structural Causes and Regime Consequences: Regimes As Intervening Variables," *International Organization*, Vol. 36, 1982, p. 186.

〔2〕 D. Kettle, *Sharing Power: Public Governance and Private Markets*, Washington, D. C.: Brookings Institution, 1993, p. 22.

究中对“治理”和“环境治理”的内涵进行了界定：“与关注点为政府机构和行动者的术语‘政府’不同，‘治理’的概念指政府控制或协调社会经济活动、达到社会目标、处理政策问题的过程。一般的理解是，环境治理不仅仅包括各种政府常常用来规范行为的自上而下的机制，同时还包括其他非规范性质的手段，如志愿手段、市场机制和教育手段。另外，环境治理还涉及政府与市场各有关方面、公民社会和科研教育各方的关系”；而“环境治理是指一个社会用来解决污染问题、促进污染控制和预防、保护自然、管理自然资源的正式或非正式的机制”。[1]

本书中所称的国内治理限定于网络治理中的民族国家的治理，即“特指在民族国家的范围内对政府主导的公共物品供给过程的管理”[2]，而“治理能力是管理需要与管理能力之间的持续平衡过程”[3]。本书试图从国内环境治理的管理需要与管理能力角度，分析冷战后中国环境外交与国内环境治理的互动与建构：从外交的角度折射和促进国内环境治理的需要与能力之间的动态平衡，并适应国内环境治理的需要和能力之间的博弈，实现环境外交自身的建构、完善以及在中国总体外交格局中的地位提升。

---

〔1〕 中国环境与发展国际合作委员会2006年专题政策报告第五期“环境执政能力政策研究”，见中国环境与发展国际合作委员会网站，http：//www.cciced.net/zcyj/ztbg/subjectpolicy06/.

〔2〕 陈振明主编：《公共管理学》，中国人民大学出版社2005年版，第89页。

〔3〕［美］詹·库伊曼：《治理与治理能力：利用复杂性、动态性与多样性》，载引自俞可平主编：《治理与善治》，社会科学文献出版社2000年版，第231页。

第一章

冷战后中国环境外交的历史演进

第一节　冷战后中国环境外交的历史性演进

一、中国环境外交历史阶段划分问题

研究冷战后至今中国环境外交的发展进程，首先要厘清中国环境外交历史阶段划分问题。在合理划分历史阶段的基础上，才能够明确冷战后中国环境外交的历史定位。关于中国环境外交历史阶段划分问题，中国国内环境外交研究领域尚未达成共识，主要原因在于缺乏明确具体的划分标准。

对中国环境外交历史阶段划分问题，目前国内研究中比较有代表性的观点主要有以下几种：

（1）两个阶段：中国环境外交的“萌芽期（1972～1988）”、

“迅速上升期（1989 年至今）”。[1]

（2）三个阶段：中国环境外交的“开辟阶段（1972～1978）”、“深入发展阶段（1979～1992）”、“渐趋成熟阶段（1992 年以来）”。[2]

（3）三个阶段：中国环境外交的“空白期（1949～1972）”、“准备期（1972～1989）”、“发展期（1989 年以来）”。[3]

这三种划分方法在界分中国环境外交的发展阶段时大都是以外交政策文件提出时间作为中国环境外交发展阶段的分界点，而忽略了中国环境外交历史发展进程中的一个核心问题，即环境因素在中国外交工作中相对独特的价值上升轨迹。具体分析如下：

首先，从以上三种历史阶段划分方式可以看出三个关键的时间节点：1972 年、1989 年、1992 年。由这三个时间节点可以透视出中国环境外交与国际环境保护、国内环境保护的互动与交集。1972 年联合国人类环境会议召开后，环境问题开始进入国际政治视野，与此同时，中国初涉国际环境领域，并着手规划国内环境保护问题；1989 年，中国官方正式提出环境外交的概念，外交部开始介入环境外交工作；1992 年，冷战结束，联合国环境与发展大会召开，环境问题在国际关系领域超越了传统的技术范畴，开始成为与经济、政治以及社会发展密切相关的重大议题，中国政府在国际、国内领域针对这一变化作出了

---

〔1〕参见张海滨：《环境与国际关系——全球环境问题的理性思考》，上海人民出版社 2008 年版，第 64 页。

〔2〕参见王之佳：《中国环境外交》，中国环境科学出版社 1999 年版，第 43、44 页。

〔3〕参见蔡守秋：《环境外交概论》，香港中华科技出版社 1992 年版，第 10 页。

积极的应对，国内理论界开始从非传统安全和可持续发展的角度关注全球性环境问题。

其次，在上述三种历史阶段划分方式中，隐含着一个关键词：发展。何谓发展？发展是事物由小到大、由简单到复杂、由低级到高级的变化，发展是新事物的产生和旧事物的灭亡，是新事物取代旧事物。因此发展不是数量上的简单累积，而是一个从量变到质变的价值升级的进化过程。讨论中国环境外交的发展阶段问题，我们探讨的不仅仅是中国环境外交在发展过程中经历过什么，而且还应该分析中国环境外交在发展过程中的价值提升和能力进化问题，而分析中的关键就是要寻找中国环境外交的规模、内涵、地位实现（由量变到质变）转变的时间节点。上述三种历史阶段划分方法中存在一个共性问题，即未明确中国环境外交以何时为界限将环境保护问题上升为重要的政治问题，环境因素如何实现在中国国内政治以及中国外交工作中的价值升级，中国环境外交工作发展进化的时间坐标背后隐含的深层因素是什么，这种因素是如何引起中国政治实践中的权力转移与外交格局的变迁。因此，仅仅局限于国内视野、依据国内政策文件的只字片语，是难以对这个问题作出有效的回答和解释的，必须结合国际环境领域的发展趋势与国内环境保护的现实需要，从内外因素相互作用的角度厘清环境因素在中国国内政治中实现价值升级、并进一步在中国外交工作中得到政策确认的时间线索。

最后，结合具体的时间节点和中国环境外交的发展实践来看，1972 年是中国在国际环境领域走出孤立、开局参与的时期，中国环境外交处于对国际环境机制的了解和学习阶段。处于这一时间节点的中国环境外交实践，不是基于国内环境治理需要与国内环境保护运动内在驱动的主动行为，而是为配合中国恢复联合国合法席位、走出自我封闭、参与国际事务的需要而采取的临时性应对。这一时段，环境因素在中国外交工作中的价值定位模糊，还没有相对独立，但不可否认的是，这一时间节点是环境因素进入到中国外交工作的发端。因此，应将这一时间节点界定为中国环境外交萌芽准备阶段的起点。

1989 年，中国政府明确提出开展环境外交，并从组织机构方面整合了环境外交资源，指定国家环保总局与外交部作为专门机构，开始共同负责环境外交工作，至此环境因素开始进入中国专业外交领域，环境外交在中国外交工作中获得了相对独立的地位。但由于当时在国际领域里环境外交还处于国际政治的边缘地位，环境保护在中国国内政策中还没有引起足够重视，尚处于经济发展的从属地位，因此环境外交在中国外交工作总体布局中处于边缘地位，仅局限于技术领域，在中国外交工作中其影响和活动范围非常有限，在国际环境领域中也仅限于被动参与的角色。因此，当时中国环境外交就其能力和实践而言，正处于初步融入国际环境机制的起步学习时期，还没有发挥出建设性的作用；在国家政策中，虽然出现了环境外交的官方提法，存在着一定的政策导向，但尚未对环境外交概念的基本内涵进行明确界定、形成专业的理论解读，没有进一步展示出开展环境外交的强烈政治意愿和具体战略构想；同时当时的中国社会也不具备发展环境外交所需要的广泛的社会参与和普遍的观念传播条件，环境外交在中国外交中的战略定位处于相对模糊的状态，并没有实现环境因素在中国外交工作中的价值升级，环境问题仅仅是作为中国外交工作需要考虑的一个技术性问题，而不是一个值得提上议事日程和明确加以规范的重要问题。因此将这一时期评价为“深入发展”、“日渐成熟”似乎言之过早，界定为中国环境外交的发展起步阶段则更为妥当。这一阶段的中国环境外交历史，是中国环境外交进入实质性发展的准备阶段。

1992 年，东西方冷战已经结束，在国际关系领域，随着意识形态色彩的淡化，经济发展问题日益突出，环境问题的证据日趋凸显。日趋严峻的环境问题，直接威胁到人类的生存与发展，引起了全球各界的广泛关注和高度重视，环境因素在国际关系领域也获得了独立的地位而不再是只服务于政治、经济目标的工具。环境问题在国际关系的理论和实践中，不再是一个边缘化的技术问题，而是一跃成为该领域的重点和热点问题。1992 年联合国环境与发展大会，将环境问题正式纳入到以联合国为首的多边组织治理框架体系中，使环境问题成为冷战结束后第一个被正式纳入联合国议事日程的非传统安全问题；同时，1992 年联合国环境与发展大会针对全球性环境问题重新启动了停止多年的南北对话，将全球性环境治理与发展问题紧密结合在一起，并进一步建构了国际环境法律机制的主要框架，初步塑造了冷战后国际环境领域内大国主导、南北博弈的权力格局，从而使环境外交正式成为国际关系领域的一项重要内容。

具体到我国环境外交实践，随着国内工业化的快速发展、生态环境问题的日益突出，环境保护在中国国内的政治关注和社会关注度不断提高，环境因素在中国国内政治与外交工作中被赋予了更高的价值内涵，环境问题超越了传统的技术领域，被纳入了发展问题的框架，被作为中国实现可持续发展、推动人类整体发展过程中必须要面对和解决的问题。在中国的外交总体格局中，对于环境外交的重视程度和政策投入得到很大的提高，官方的学术机构开始重视对环境外交的概念、理论、策略和技术的智力投入，环境外交从一项边缘性的外交工作发展为关系到中国经济社会发展的一项重要的外交战略。中国开始以发展中环境大国身份积极参与国际环境机制，并在一些领域内初步尝试建构发展中国家的话语体系。

其中比较有代表性的工作有：一是1992年中国正式启动了环境智库——中国环境与发展国际合作委员会，由时任国务委员的宋健直接负责，汇集了中外环境领域的专家，为中国环境决策提供理论和技术支持；二是中国环境外交受到了国家领导人的高度重视，李鹏总理出席了联合国环境与发展大会，并阐述了中国政府关于全球环境问题的五点原则和立场；三是中国开始成为国际环境领域发展中国家的意见领袖：中国在联合国环境与发展大会上创造了“77集团+中国”模式，促成了《21世纪议程》中的“资金和资金机制”等若干重要章节的达成，加强了发展中国家在国际谈判中的凝聚力量，提高了发展中国家在南北对话、多边会谈中的底气，正如77国集团大使所言：“中国增强了发展中国家的声音和力量”[1]；四是中国被选为联合国环境与发展大会的副主席，中国环境外交的努力得到了世界的认可。

因此，在1992年，环境因素在中国外交格局中实现了由边缘化的技术性领域向涉及发展的实质性领域的价值升级，环境外交在中国外交工作中获得了更大的权力空间与活动范围，进入了实质性发展阶段。因此，这一历史节点应界定为中国环境外交发展为一个更高阶段的起点。

1992年至今，中国在环境治理领域发生了颠覆性的变化。中国国内正面临着严峻的生态危机和环境危局，环境保护上升为中国的一项基本国策，环境治理成为中国国内政策中一项重

〔1〕 张海滨：“中国环境外交初探”，载《北京大学学报》（哲学社会科学版）1993年第5期。

大的民生问题，并被纳入到中国特色社会主义建设“五位一体”战略布局当中。中国国内继十八大提出系统的生态文明建设理论体系之后，又出台了新中国成立以来最严厉的环境保护法律和政策，并以制度手段层层推进生态文明建设的落实，环境治理在当前中国国内政治格局和权力空间中占据了举足轻重的地位。可以说，十八大至今，既是中国国内环境问题集中爆发的糟糕时期，也是中国国内环境治理日新月异、蓬勃发展的黄金时段。那么十八大至今是否可以视为中国环境外交的黄金时段，并进而将其作为中国环境外交发展进化的一个分界点呢？本书对此持谨慎态度，虽然十八大至今不足三年的时间里，有不少针对中国国内环境治理的政策变化和政府举措，但就环境外交而言，这段时间的政府工作报告、中国环境保护部的具体政策中，在提法上还没有太大的变化、甚至出现了相对弱化和模糊化的趋势，环境外交与国内环境治理关系的变化、环境外交适应生态文明建设所作出的战略调整还有待进一步明确。因此不能简单地把中国国内环境治理的发展阶段等同于中国环境外交的发展阶段，与中国国内环境治理突飞猛进的强势发展态势不同，环境外交在中国环境治理体系中还未得到应有的重视，在中国外交格局中尚未实现由实质性领域向核心战略领域的突破。

综上所述，目前国内研究在环境外交历史阶段划分问题上，模糊了中国环境外交与国际环境外交、中国国内环境治理在发展进程问题上的差异，混淆了中国环境外交与国际环境外交、中国国内环境治理的历史进化阶段，将中国环境外交的发展进程等同于发展历程，对中国环境外交的历史分析往往侧重于制度分析和事实分析，而忽略了在此基础上展开进一步的价值分析，导致在一些主要的价值问题上存在混淆。例如：在一些对环境外交历史阶段划分问题的分析中，将环境问题政治化等同于环境问题安全化，没有注意到安全化的深层含义，即安全化意味着对一般性政治问题的超越，获取排他性地位。因此，仅仅把时间分界点作为一种给定因素，简单接受而不作进一步的分析，会导致对历史阶段划分问题的研究流于形式，不足以凸显中国环境外交的独立地位、自身特性、进化的过程和历史意义。

本书认为，在中国环境外交的历史阶段划分问题上，不宜盲目乐观，而应兼顾国际视野和国内视角，从中国环境外交的具体实践出发，比照世界环境外交的发展，作出客观的、理性的分析与判断。基于这一观点和以上分析，本书选择 1972 年、1992 年作为时间节点，将中国环境外交分为两个阶段：中国环境外交的萌芽起步阶段（1972 ~ 1992 年）、中国环境外交的实质性发展阶段（1992 年至今）。鉴于冷战结束对世界环境外交发展的影响以及对中国环境外交发展的意义，本书将研究限定于冷战后中国环境外交（1992 年至今）。

二、冷战后中国环境外交的历史定位〔1〕

通过对中国环境外交历史阶段划分问题的探讨，本书将冷战后中国环境外交界定为中国环境外交的实质性发展阶段，接下来本书将进一步阐释中国环境外交在此期间的战略转型问题。在回顾中国环境外交历史的基础上，本书概括出：冷战后在与国际环境机制和国内环境治理的互动过程中，中国环境外交正在发生着参与角色由融入者向建构者转变、话语方式由被动向主动转变、主要动力由外生向内生转变、外交地位由边缘向主流转变的历史性变化，中国环境外交进入了战略转型期。

---

〔1〕 本节部分发表于范亚新："中国环境外交：冷战后的发展"，载《改革与开发》2011 年第 6 期。

（一）参与角色由融入者向建构者转变

在1972年到1992年中国环境外交的萌芽起步阶段，中国环境外交成功地登上了世界环境外交的舞台，向世界展示了中国作为发展中国家的基本原则和立场，以及中国在环境保护领域的具体做法。这一阶段主要是中国环境外交学习世界环境规则，培养与世界对话能力的启蒙过程，中国环境外交无论在知识经验还是能力水平上，都与西方发达国家相去甚远。具体体现为：

1. 在知识储备上：中国对于环境问题的最基本概念，还未与世界环境外交达成共识。[1] 我国在1972年参与联合国人类环境大会之初，对于环境问题的理解仅仅停留在“工业三废”问题上，而不是西方思维中的“八大公害”问题。在中国开展环境外交之初，中国现代意义上的环境治理在基础知识上还处于空白阶段。因此，在当时中国参与环境外交，既是一段国家在国际环境领域对外交往的历程，也是一个通过外交途径，对国内环境保护领域进行知识启蒙的过程。

2. 在智力支持上：在当时，我国国内涉及环境保护的专业部门尚不具备专业的环境外交人才。现在比较著名的环境外交官，如曲格平、王之佳、夏堃堡，作为中国进入世界环境外交领域的先行者，在从事环境外交之初的学科背景是自然科学和外语，其关于环境外交的知识和经验主要是在中国环境外交实践中获得的；同时在冷战结束之前，我国学界还没有出现过研究环境外交问题的专著，也没有相关的译著，对于环境外交的理论研究主要集中于政府的官方外交研究机构。

〔1〕 国际环境外交的基本概念、基本理论，主要是来源于西方发达国家的国内环境治理经验，欧美语境下的环境保护理论构成了现代意义上的环境问题的主流理论。

3. 在政策保障上：在我国官方正式提出开展环境外交工作之后到冷战结束之前，我国涉及环境外交的具体政策措施，主要零星散见于国家领导人的讲话以及国务院关于环境保护的有关会议纪要和文件，如1990年李鹏总理发表的“保护地球环境是我们责无旁贷的义务”的电视讲话、1990年国务院环境保护委员会第十八次会议通过的《我国关于全球环境问题的原则立场》以及1990年12月国务院就“积极参与解决全球环境问题的国际合作”作出的原则性规定等。这一阶段虽然出现了相关的政策倾斜，但内容多局限于原则性规定，缺乏相应的配套保障措施。

4. 在社会参与上：在改革开放初期，由于政策限制，我国还没有出现环境非政府组织，因此环境外交多限于政府的官方行为和学界的理论交流，在国内缺乏应有的民间基础、社会参与和知识普及。

因此，在中国环境外交的萌芽起步阶段，虽然出现了开展环境外交的政策导向，但中国环境外交在整体上存在着话语能力欠缺、行为能力有限的问题；中国通过缔结和参加一系列双边及多边公约、出席国际环境会议、参与国际环境合作，完成了学习和融入国际环境机制的过程，实现了由孤立于国际社会的造反者到国际环境机制的被动参与者的角色转变。

冷战后至今，中国环境外交通过指导思想的确立、理论研究团队的建设、组织体系的调整、基本格局的塑造、社会参与的拓展，取得了实质性的发展，基本具备了与世界对话的能力；[1]同时，在国际环境领域，中国通过积极参与国际环境立

---

〔1〕本书将在本章第二节对冷战后中国环境外交所取得的实质性发展进一步展开论证，在此不再重复陈述。

法、同发达国家开展系列建设性对话，逐步确立和巩固了其发展中国家意见领袖的地位；十八大会议将中国国内环境治理推向了生态文明建设的高度，中国在联合国主导的全球环境治理框架体系中占据了更为重要的地位。联合国成为中国在国际环境领域中展现自身国际形象和外交理念的主要国际舞台，中国也成为联合国开展全球环境治理、维护地区环境安全的一个重要参与者。中国在国际环境领域中的突出贡献和重要地位得到了联合国的肯定，联合国环境规划署的巴尔斯卡女士就曾经说过："中国在环境立法方面走在前列，为发展中国家树立了榜样。中国参加各种国际公约、协议的重要性不言而喻，没有中国参加，这些条约将不能成为全球性的国际公约。"〔1〕 2015 年 4 月 20 日，联合国副秘书长、环境规划署执行主任阿希姆·施泰纳（Achim Steiner）在金砖国家首届环境部长会议前夕向记者表示，中国目前在全球可再生能源战略和投资领域展现出不容忽视的领导力，中国可再生能源发展引领全球步伐。〔2〕 实力和地位的提高进一步推动了中国在国际环境领域中的话语权和影响力的上升，中国开始积极参与建构区域环境安全共同体和国际环境领域中的新型大国关系。冷战后中国环境外交在国际环境领域中，正在逐步实现由融入者向建构者的角色转变。

（二）话语方式由被动向主动转变

首先，冷战后中国通过独立发起国际环境会议、主动学习和内化国际环境机制来不断提高自身的话语能力。

在中国环境外交的萌芽起步阶段，我国独立发起的国际会

---

〔1〕 王之佳：《中国环境外交》，中国环境科学出版社 1999 年版，第 225 页。

〔2〕 "执行主任接受新华社专访：中国可再生能源发展引领全球步伐"，载联合国环境规划署中文官方微博，2015 年 5 月 5 日访问。

议主要有1990年的“中国环境问题研讨会”、“中国经济与环境协调发展国际会议”，1991年的“环境与气候变化及其对中国的挑战国际研讨会”、“发展中国家环境保护演讲会”、“发展中国家环境与发展部长级会议”、“能源、环境与发展国际会议”、“发展中国家与国际环境研讨会”等。从会议的内容看，主要集中在中国国内环境保护和发展中国家应对气候变化问题等具体领域；从分布频率上看，主要集中于1990年和1991年，仅1991年一年中国独立发起的国际环境会议，就是1972年到1991年近20年的2.5倍；从背景上看，1991年中国独立发起的国际会议比较集中，主要是为了参加联合国环境与发展大会，视野还是局限在中国国内；从策略上看，我国更多倾向于与发展中国家结盟，其根本出发点带有明显的应急措施的性质，显示出我国在处理重大国际环境外交问题上，缺乏足够的智力支持和专业系统的应对策略。在与国际环境机制的互动过程中，中国环境外交在这一阶段的话语方式缺乏建设性，基本处于被动应对状态。

冷战结束后，仅以1992年到1999年的7年为例，中国独立发起的国际环境会议共有8次，从分布上呈平均状态；从内容上看，涉及中国可持续发展、中国消耗臭氧层物质国家方案、中国21世纪议程、中国环境影响评价、21世纪的中国环境等国际环境领域的核心问题，重点研究国际环境机制在中国的本土化问题；从背景上看，1992年4月成立的中国环境与发展国际合作委员会，每年就中国环境领域的重点课题进行研讨，提供中外环境领域专家的具体对策建议，为中国环境外交提供了具有国际视野的理论支撑；从根本出发点上看，这一阶段中国更重视与国际环境机制的对接，并且有意识地提高其在国际环境领域的对话能力。这一阶段中国在话语上更为积极主动，对问题的持续关注加强，从对国际环境机制的被动接受转变到对国际环境机制的主动内化。

其次，冷战后中国对在国际环境领域中提高话语权的态度更为积极主动，在国际环境领域开始发挥出建设性作用。

以对1972年联合国环境会议、1992年联合国环境与发展大会的具体应对为例：在参加1972年联合国人类环境会议之前，由于中国处于工业化起步阶段，国内正处于“文革”期间，意识形态色彩浓重，未设立国内环保机构[1]，国内环保需求相对不足，对环境问题重视程度不够；由于缺乏专业化研究以及相关的外交实践，因此在理论和经验上没有做好足够的准备；参会代表团由化工部副部长带队，组成成员包括外交部国际司的司长和后来的国家环保局局长曲格平，从成员的知识结构和工作经历来讲，缺乏应对国际环境外交的知识储备和技术能力。因此，我国在应对1972年人类环境大会的问题上，处于环境外交知识和经验的补课阶段，更多时候是在适应国际环境机制。外交能力的欠缺、国内需求的不足，导致其在国际环境领域话语方式相对被动。而在参加1992年联合国环境与发展大会之前，中国在环境外交方面已经积累了相当的能力与经验。世界环境日纪念大会、全球环境基金成员国会议、危险废物管理国际研讨会、世界防止荒漠化和干旱日会议等国际会议陆续选择在中国召开，丰富了中国环境外交的实践经验；中国国内学界开始关注国际环境问题，从环境科学、环境经济学、环境伦理学、环境法学、环境外交学等不同角度，进行了大量的研究，增加了中国环境外交的知识储备；此外，这一时期环境非政府

[1] 新中国最早的环保机构，是1973年成立的国务院环境保护领导小组及其下设的国务院环境保护领导小组办公室。

组织开始出现，并从民间社会的角度，开展国际环境合作，充实了中国环境外交的主体构成。在此基础上，中国对于国际环境机制的熟悉程度和适应能力得到了不断改进，在国际环境机制中的话语地位得到了不断提高。

从这两次会议中中国代表团的具体应对方案来看，在1972年联合国环境会议上，中国代表团的表现还只是限于介绍国内环保方针、表明发展中国家的原则和立场，其话语表达方式还是仅仅局限于一个国家机制之外造反者的主张，其提出的意见缺乏相应的专业性和建设性；在1992年联合国环境与发展大会上，在获得了广大发展中国家认同和支持的基础上，中国不仅向世界宣布了关于全球环境问题的原则和立场，并且与“77国集团”密切配合形成了“77+1”的合作方式，在一系列全球环境问题谈判中发挥了突出作用，对资金机制和责任分担等问题提出了建设性意见，获得了发展中国家意见领袖的地位。

冷战之后，随着中国经济的持续快速增长，中国目前已经成为全球第二大经济体，其综合国力和国际地位不断提高，在全球和周边地区的影响力不断扩大，在东亚周边区域环境治理和全球环境治理中具有举足轻重的意义。中国环境与发展国际合作委员会早在2006年为中国政府提供的环境治理政策建议中就准确地预见了中国在未来全球环境治理中的地位和意义：“中国已经成为东亚地区的一个超级经济和政治力量，并正在迅速向全球超级力量的位置进发。中国与其邻国、国际社会的商务联系，与中国承担的减少跨界和全球环境问题、保护其边界之外的环境和自然资源的责任正在趋向一致”，并建议中国在东亚地区环境治理中发挥更为主动、积极的建设性作用，带头提出成立一个政府间的东亚环境委员会，以解决跨边界的污染问题、处理紧急事件和贸易与环境之间的联系。[1]在此基础上，中国在其提出的亚洲安全观中详细解读了地区安全与发展之间的关系，并将生态安全纳入到公共安全产品当中，并在区域和全球环境治理中开始主动建构“中国话语”体系。[2]

通过积极融入国际环境机制、主动参与国际环境合作，中国的经济实力和环境治理能力不断提高，环境外交的基础和底气不断增强，在国际环境领域中的话语方式，由被动逐渐转向主动。

（三）主要动力由外生向内生转变

回顾1972年至1992年的历史，中国环境外交虽然在起步时间上与世界环境外交同期，但在发展上明显滞后于西方发达国家，在西方发达国家主导的国际环境机制中，中国的地位还只是世界环境外交的跟随者。因此，中国环境外交虽然取得了先发优势，但却没有取得领先地位，中国与世界环境外交的发展存在着“同期不同步”问题。究其原因，是由于国内环境保护起步较晚，中国环境外交缺乏相应的国内动力支持所造成的。

反思西方发达国家环境保护的发展，其大体上遵循着“先污染、后治理”、由国内向国际拓展的发展路径；在发展动力

---

〔1〕 中国环境与发展国际合作委员会2006年专题政策报告第五期“环境执政能力政策研究”，见中国环境与发展国际合作委员会网站，http：//www. cciced. net / zcyj/ztbg/subjectpolicy06/.

〔2〕 在习近平“积极树立亚洲安全观　共创安全合作新局面”、王毅“可持续发展是实现中国梦和人类进步的必由之路”和“2014，中国特色大国外交风生水起”的讲话中，提出要积极主动地为亚洲地区提供生态安全等公共安全产品，并通过积极参加联合国气候峰会，积极参与制定2015年后发展议程，为应对气候变化等全球性问题提出中国方案、贡献中国力量；全力建设美丽中国，为建设美丽的地球家园做出更大的贡献见。见外交部网站，http：//www. fmprc. gov. cn/mfa_ chn/ziliao_ 611306/zyjh_ 611308/default. shtml.

上，内生动力往往大于外生动力。以美国的环境外交为例：美国在20世纪40年代至60年代，随着国内工业化、城市化的发展，国内环境污染日益严重，发生了著名的1943年洛杉矶光化学烟雾事件和1948年多诺拉烟雾事件，其公害事件占据了世界“八大公害”事件的1/4；同时这一时期美国农业中大量使用杀虫剂，严重破坏了国内的生态环境，威胁到了食品安全。针对这种情况，蕾切尔·卡逊（Rachel Carson）在1962年完成了《寂静的春天》，唤醒了民众的环境保护意识，推动了环境启蒙思想的传播，在国内掀起了环境保护运动的高潮，最终促成了1970年美国环境保护署的成立。因此，环境外交是美国在国内严峻的环境形势、强大的舆论压力、广泛的社会参与等内生动力推动下，试图通过外交途径来促进国内环境问题得到有效解决的一种政策努力，其根本目的在于通过开展国际环境合作，维护和延伸美国的环境利益。

再以邻国日本为例：在19世纪五六十年代，由于日本在战后实施“赶超式”经济发展战略，导致日本国内出现了比美国更为严重和集中的环境污染问题。日本国内的公害问题占据了当时世界“八大公害”问题的一半，分别是：1953年至1968年的日本水俣病事件、1955年至1961年的日本四日市哮喘病事件、1963年的日本爱知县米糠油事件、1955年到1968年的日本富山痛痛病事件。上述事件涉及工业污染和食品安全问题，直接威胁到国民的生命健康，引起了日本政府的高度重视。为治理公害问题，日本加强了国内环境立法工作，先后颁布了1958年《关于限制工厂废水法》、1962年《关于排烟的法律》、1967年《日本公害对策基本法》，在具体做法上，实行“立法、行政、经济手段并举而以立法为主；中央政府、地方政府、企业私人团体并重而以中央政府为主；并由局部转向有重点的综合治理”。[1] 日本首相田中角荣在1972年出版的《日本列岛改造论》一书中提出了“建设没有公害的工业基地”的设想。在国内环境问题所造成的压力下，日本在加强国内环境综合治理的同时，积极开展环境外交、参与国际环境合作。但是，与美国不同的是，日本开展环境外交的另外一个重要原因，是基于改善二战后战败国国际形象的考虑。因此，日本在开展环境外交初期，内生动力与外生动力并存，其中内生动力是主要因素。

此外，美国和日本的环境治理经验教训也显示，有效的环境治理要求在计划、执行和决策过程中，融合不同方面的观点、经验和能力，环境保护的责任需要分担，没有包括政府、企业、非政府组织和一般大众在内的全社会的积极参与，环境目标就不可能实现，环境外交的开展也将失去有力的国内支持和发展动力。

与美国、日本等西方发达国家相比，中国国内环境保护起步较晚，在中国环境外交起步之前，国内还没有相应的环境治理机构（在1973年之前，国内未设立环境保护的专门机构；在1979年之前，国内还没有出现环境非政府组织）；1972年的人类环境大会虽然将国际通行意义的“环境保护”概念植入了中国，但是由于前期的文革以阶级斗争为纲、后期的发展片面强调经济发展，因此中国虽然也存在着严重的环境问题，但是尚未引起足够的重视；在国内市场经济发展初期，中国由于实行对外开放、急于引进外资，对环境保护的重视力度不够，对于环境问题的政府干预不足。因此，在环境外交的萌芽起步阶段，中国的国内环境治理明显滞后于环境外交的发展，而且国内环

〔1〕 中国社会科学院工业经济研究所、日本综合研究所编辑：《现代日本经济事典》，中国社会科学出版社、日本总研出版股份公司1982年版，第229、230页。

境治理在观念基础、制度基础和社会基础等方面，处于缺“核”少“芯”状态，在很大程度上要依托于环境外交的开展来完成基本框架的塑造。

在这一阶段，中国环境外交发展的内生动力可以说是薄弱的，甚至是欠缺的；我国环境外交工作的开展，很大程度上是基于国际环境外交的推动。

冷战后中国环境治理体系得到了进一步的完善。在组织机构方面，1993 年国家环保局升格为副部级直属局，1998 年国家环保局升格为正部级直属局，更名为国家环境保护总局，2008 年国家环境保护总局升格为环境保护部，环境保护部门在国内行政系统的地位不断地得到重视和强化；在公共政策方面，加强了国家在环境保护领域的政府干预，以 2005 年为例：2005 年国务院通过了《关于落实科学发展观 加强环境保护的决定》，将环境保护纳入地方政府和领导干部考核的重要内容，并将结果定期公布；2005 年，国家环保总局掀起“环评风暴”，清理电站项目 388 个，清理出违法开工项目 139 个，公布了 46 家尚未启动脱硫项目的火电厂名单;〔1〕 在法律体系上，体系更加完备，规定的内容更具体，在水污染、城乡规划、能源节约、可再生能源、固体废物污染环境防治、防沙治沙、环境影响评价、草原保护、清洁生产促进、大气污染防治等方面，完成了相应的立法；在社会参与方面，冷战后中国国内社会参与更加广泛，公民社会参与环境决策和实施过程所持的态度越来越开放。从 1993 年起，中国就开始出现环境非政府组织。民间理念与政府决策的互动不断加强，自中国国内第一家本土环境非政府组

〔1〕 梁从诚主编：《2005 年：中国的环境危局与突围》，社会科学文献出版社 2006 年版，第 352 页。

织——“自然之友”成立以来，中国国内环境非政府组织迅速成长，在中国国内环境保护领域的影响不断扩大，在圆明园湖底防渗工程事件、绿色汉江跨界污染解决、可可西里藏羚羊保护、三江源地区生态保护等事件中发挥了积极作用，时政杂志《南风窗》进行评价：“生态政治浮现中国”[1]；中国国内观众的环境保护意识不断提高，一些重大的环境外交实践和外交举措，都会引起新闻媒体和公共舆论的广泛关注。因此，冷战后，随着中国国内治理体系的不断完善，中国环境外交的内生动力不断提高，冷战后中国环境外交的主要动力逐渐由外生向内生转变。

（四）外交地位由边缘向主流转变

1. 中国在冷战后国际环境领域的地位，由边缘逐渐向主流转变。人类学家杰拉德·戴梦得（Jared Diamond），在2010年5月回答美国《市场观察》访问中，曾提出人类要警惕可能导致地球崩溃的12个因素。其中与环境有关的占10个，分别是：石油煤炭和天然气峰值、食品和贫困危机、水战争、耕地水土流失、森林破坏、化学毒性、太阳过热、臭氧层破坏、生物多样性消失、外来物种的威胁。[2]日趋严峻的环境问题在全球范围内引起了高度关注，气候变化、低碳经济，不再仅限于国际环境领域的概念阐述和外交议题，而是成了全球媒体和公民社会讨论的热点话题。冷战后环境问题开始与发展问题相联系，发展中国家在国际环境治理中的作用和地位日益受到国家社会的

[1] 梁从诚主编：《2005年：中国的环境危局与突围》，社会科学文献出版社2006年版，第239页。

[2] “人类学家提出可能引发地球崩溃的12个因素”，载人民网，http://env.people.com.cn/GB/11713673.html.

关注和重视。

同时，中国所处的东亚地区整体的生态环境问题日益恶化，环境污染集中、后果严重，生态失衡现象突出，成为了自然灾害高发地区。据联合国亚洲及太平洋经济社会委员会（以下简称“联合国亚太经社会”）发布的一份最新报告显示，2014 年，全球 226 起自然灾害中有一半发生在亚太地区，其中 85% 为严重的跨境风暴、洪水和山体滑坡，共造成 6000 多人死亡，7960 万人受灾，造成的经济损失高达 5960 亿美元。[1] 东亚区域严重的环境问题，增加了中国和东亚地区其他国家的经济社会发展的不确定性，给这些国家的国家安全和社会稳定带来了极大的威胁，也影响到了全球的环境安全和可持续发展，因此东亚地区在全球环境治理中占据了非常重要的战略地位。

在此期间，中国经济进入高速发展时期，中国的经济增长速度、外汇储备、引进外资已居于世界首位。经济的快速增长使中国的国力得到了明显的提升，中国的国际地位也随之不断上升。但在经济快速增长的背后，中国付出了巨大的资源环境代价：中国的煤炭、石油、钢等能耗、化学需氧量和二氧化硫排放量居世界首位，二氧化碳排放量仅次于美国，居世界第二位。因此，中国国内环境问题的解决，中国在东亚地区环境治理与国际环境治理中采取的态度和基本立场，不仅对于维护中国的环境安全与可持续发展，而且对于东亚地区以及全球的经济社会发展和环境治理，都具有重要的、积极的意义。

冷战后至今，中国通过广泛开展环境外交、加强国内环境治理，在周边地区和全球环境治理中发挥了积极的作用、做出

---

〔1〕“2014 年全球一半自然灾害发生在亚太地区”，载联合国中文网站，http：//www. un. org/chinese/News.

了重要的贡献。中国在全球环境治理领域的发展潜力赢得了国际社会的重视和肯定。联合国开发计划署署长及联合国发展集团主席海伦·伊丽莎白·克拉克（Helen Elizabeth Clark），曾就气候变化问题对中国媒体发表讲话："中国将是在开展降低绿色气体强度的项目中动作迅速的一个国家。这将激发全球范围相关技术和经验的生成。中国将成为这一行动的世界领袖。"[1]中国环境外交在世界环境领域中的地位，由边缘逐渐走向主流。

2. 环境外交在冷战后中国外交格局中的地位，由边缘逐渐向主流转变。冷战后，中国国内的环境问题日趋严重，环境容量超载，生态压力加重。随着国内工业化和城市化的高速发展、社会领域消费主义生活方式的盛行，中国国内工业污染、城市污染日趋严重，并呈快速蔓延趋势；城市污染开始向农村扩散和转移，造成农村环境问题日益突出；国外污染企业利用中国引进外资的机会向中国转移污染，加重了中国的环境负担；中国国内环境灾害、环境事故频发，环境风险凸显，直接威胁到了中国的经济社会发展和人民群众的生命健康。

同时，中国国内环境问题日益复杂，出现了环境问题政治化、社会化、安全化的趋势。中国公众的环境意识不断提高，环境保护成为社会前五位的热点关注问题；公民的环境维权意识不断提高，并出现了具有国际社会影响力的环境维权专业人士（如中国政法大学的王灿发教授，他创立了污染受害者法律援助中心，被全国人大环境与资源保护委员会、全国政协人口环境资源委员会、文化部、国家环保总局、共青团中央、联合国环境规划署授予"2005 绿色中国年度人物奖"，2007 年被美

〔1〕"对话：联合国开发计划署署长海伦·克拉克"，载《环球时报》2009 年 12 月 8 日。

国《时代周刊》评为全球“环保英雄”），知识界人士开始在国内环境保护领域中发挥知识引领作用；环境问题开始与农业问题、移民问题、食品安全等问题相联系，直接触及了中国经济发展和民生问题的基础和底线。

此外，中国政府开始在经济发展、政府职责和社会管理中，不断提升环境保护工作的地位；在发展模式上、组织建构上、政策法律上作出了相应的调整，加大了环境保护工作的力度，环境保护成了中国未来积极发展、政府转型、社会管理、外交工作的重点。环境外交在中国外交中的比重不断加大，国家领导人介入环境外交的频率不断提高，这对提高环境外交的影响和地位起到了积极的推动作用。

中国国家最高领导人开始关注和重视环境外交工作，并积极参与环境外交活动，例如：2007 年胡锦涛和温家宝等国家领导人先后八次参加环境和国际合作与交流活动；2009 年温家宝总理高调出席哥本哈根国际气候变化会议；2010 年胡锦涛同奥巴马举行会谈，就中美关系发展提出了五点建议，具体内容包括能源与环境领域的中美合作；习近平主席和李克强总理不仅亲自参与环境外交活动，而且还为环境外交的进一步发展提出了重要的指导思想，如习近平主席提出的“绿水青山就是金山银山——关于大力推进生态文明建设”重要思想，构建亚洲安全观中的生态安全问题以及安全与发展的关系等指导思想。

中国国家领导人的重视和参与，为环境外交的有效开展提供了良好的保障，深化了中国政府与西方发达国家中的环境大国和主要政府间国际环境组织之间的国际环境合作关系，为中国在国际环境领域中构建新型大国关系和区域环境安全共同体外交战略作出积极的尝试和努力。

伴随着中国生态文明建设体系的确立和不断深化，生态政治已经成为中国当代政治的重要内容，发展绿色低碳经济、加强国内环境治理，已经成为中国经济社会发展的头等大事之一。内政决定外交的内容和方向，随着中国内政的转变和调整，中国的外交工作也作出了相应的调整，从而对中国环境外交的发展提出了更高的要求：中国环境外交的工作重心要发生相应的转移，不仅要继续发挥原有的为中国生态文明建设提供外来资金、技术和智力支持的作用，还要承担着在国际环境领域塑造环境治理的"中国话语"、"中国模式"和"中国道路"的功能，坚持发展中国家立场，在国际环境治理体系中发挥建设性作用，适应国际力量对比新变化推进全球治理体系改革，共同推动国际关系合理化。

环境外交作为中国生态文明建设中的重要环节，是中国实现有效环境治理的对外政策延伸，环境外交在中国外交格局中的地位呈不断上升趋势，开始由边缘向主流方向转变。

第二节　冷战后中国环境外交的实质性发展[1]

冷战后至今，是中国环境外交的历史转型期和战略构建期，在与国际环境机制、国内环境治理的互动过程中，发生着从参与角色到话语方式，从主要动力到外交地位的历史性转变，中国环境外交在指导思想、理论研究、组织体系、基本格局、社会参与等方面，获得了实质性的发展，为中国环境外交战略地位的提升，奠定了基本的资格和条件。

---

〔1〕参见范亚新："中国环境外交：冷战后的发展"，载《改革与开发》2011年第6期。

一、中国环境外交指导思想逐步深化

冷战后为了适应中国经济社会发展转型的需要，中国在环境问题上不断调整其原则和立场，推动环境外交指导思想的深入发展，具体表现为：涉及中国环境外交指导思想的政策文件级别越来越高，环境外交领域的工作任务越来越明确和具体；环境外交在国家政治以及外交实践中的地位，得到党和国家政策的明确保障；环境问题在国家政治生活中的地位日益上升，环境外交由之前的环保系统的外事工作发展成为了党和政府的一项重要外交举措。

本书结合中国环境外交的具体政策文件，将冷战后中国环境外交指导思想的演进过程分为四个阶段：

第一阶段（1992～1999年）：这一阶段中国以原则声明和政策的形式，初步明确了我国开展环境外交的目的、策略、基本原则和立场。

1992年，李鹏总理在联合国环境与发展大会上，阐述了中国政府关于全球环境问题的原则立场，将环境与发展问题引入中国环境外交的指导思想当中，即在和平与稳定的前提下，实现经济发展与环境保护的相互协调；在尊重主权和承认共同而有区别责任的前提下，加强国际环境领域的国际合作。该原则声明进一步明确通过开展环境外交，融入国际环境领域和推进国际环境机制建设的意愿，但是对于中国环境外交自身的角色定位没有作出进一步的阐述。

1999年中国颁布了《全国环境保护国际合作工作（1999～2002）纲要》，这是我国在国际环境合作方面的第一个指导文件，文件进一步细化我国环境外交工作的指导思想，明确环境外交与国内环境保护之间的关系，以及环境外交工作中的重点；提出更具建设性的环境外交工作方针——“抓住机遇、有所作为”，具体包括：其一，环境外交的目标：以外交战略方针为指导、围绕全国环境保护工作重点，维护国家权益；其二，环境外交的策略：以外事促内事，坚持环境外交与对外合作交流同步进行，优先环保系统的能力建设。

第二阶段（1999～2007 年）：在这一阶段，环境保护被上升到党和国家工作重点的高度，出现了生态文明的提法，生态文明观念开始被纳入中国环境外交的指导思想当中，但尚未形成系统的理论体系和整体的战略规划。

胡锦涛同志在党的十七大报告中，明确提出“坚持生产发展、生活富裕、生态良好的文明发展道路，建设资源节约型、环境友好型社会”、“建设生态文明”，使“生态文明观念在全社会牢固树立”，“加强能源资源节约和生态环境保护，增强可持续发展能力”等任务和目标。[1] 继物质文明、精神文明、政治文明之后，首次将生态文明写进中国共产党党代会的工作报告，并将其纳入中国特色社会主义社会建设理论体系当中，作为构建和谐社会的六大基本特征之一，标志着我国政府对环境保护认识的历史性转变。建设社会主义生态文明，建设资源节约型、环境友好型社会，成了今后一个时期国内环境治理与环境外交工作的指导思想和基本目标。具体到环境外交领域，报告强调了在国际环境领域中的国家责任以及开展环境外交的重点领域，即“环保上相互帮助、协力推进，共同呵护人类赖以生存的地球家园”，“加强应对气候变化能力建设，为保护全球

〔1〕“胡锦涛在中国共产党第十七次全国代表大会上的报告”，载新华网，http：//news. xinhuanet. com/newscenter/2007－10/24/content_ 6938568_ 9. htm.

气候做出新贡献”。[1]

第三阶段（2007~2012年）：在这一阶段，环境治理问题上升为中国国内民生问题，并具备了较为系统和权威的理论依据和政策保障，环境因素在中国国内政治中开始被纳入安全范畴，环境问题在中国的经济社会发展中出现政治化、安全化、社会化的趋势，环境治理在中国政治布局中呈现强势发展的势头，在党和国家的政策体系以及国家领导人的施政纲领中占据重要的篇幅。

例如：时任国务院副总理的李克强同志，在2010年国合会年会发言中指出：“生态环境问题既是一个发展问题，也是一个民生问题”。[2] 中国环境保护部部长周生贤，在2011年全国环境保护工作会议上的讲话中，高度概括了我国环境保护工作的整体转型，并进一步提出要“坚持环保为民，着力解决损害群众健康的突出环境问题”，“充分发挥环境保护促进经济发展方式转变的综合作用和保障改善民生的基础作用”。[3] 环境问题被纳入民生问题当中，将环境治理与最广大人民群众的根本利益相联系。环境治理既是对我国执政党执政能力的考验，又是对我国社会主义国家根本利益的挑战，也是对我国环境外交工作提出的新任务、新要求。

---

〔1〕“胡锦涛在中国共产党第十七次全国代表大会上的报告”，载新华网，http：//news. xinhuanet. com/newscenter/2007－10/24/content_ 6938568_ 9. htm.

〔2〕“国合会2010年年会11月10日下午文字实录”，载中国环境与发展国际合作委员会网站，http：//www. cciced. net/ztbd/nh/2010nnh/wzsl/201210/t20121017_ 239067. html.

〔3〕“紧紧围绕主题主线新要求　努力开创环保工作新局面——周生贤部长在2011年全国环境保护工作会议上的讲话”，载环境保护部网站，http：//www. mep. gov. cn/gkml/hbb/qt/201101/t20110120_ 200070. htm.

2010年两会工作报告，提出要打好节能减排的攻坚战和持久战，具体到环境外交领域，就是要积极应对气候变化国际合作，推动全球应对气候变化取得新进展。与党的十七大报告相对比，要求中国环境外交在应对全球气候变化问题上，态度更积极、立场更鲜明，在气候变化问题的角色上，由积极参与者向有效推动者转变，表明了中国实现和平崛起、构建和谐世界的立场和决心，也预示着中国环境外交地位的历史性转变。报告进一步指出今后一个时期，中国环境外交工作的具体任务是"进一步做好应对气候变化、能源资源合作等方面的对外工作，在妥善解决热点问题和全球性问题中发挥建设性作用"。[1]

第四阶段（2012年至今），在这一阶段，中国提出系统的生态文明建设理论体系，明确将环境问题纳入安全框架，突出环境治理的基础性和优先性地位，并探索环境治理的"中国道路"、"中国模式"，显示出构建环境外交"中国话语"和加强环境外交软实力建设的政策导向。

十八大报告系统地提出了生态文明建设理论体系，并将其纳入中国特色社会主义"五位一体"的战略布局当中，强调"把生态文明建设放在突出地位，融入经济建设、政治建设、文化建设、社会建设各方面和全过程，努力建设美丽中国，实现中华民族永续发展"。[2]

习近平总书记在2014年进一步明确提出了加强生态文明建

---

〔1〕"温家宝所作政府工作报告（十一届人大三次会议）"，载中央人民政府网站，http：//www.gov.cn/2010lh/content_ 1555767.htm.

〔2〕"坚定不移沿着中国特色社会主义道路前进　为全面建成小康社会而奋斗——在中国共产党第十八次全国代表大会上的报告"，载新华网，http：//www.xj.xinhuanet.com/2012－11/19/c_ 113722546.htm.

设的思路，并为中国环境外交的转型提供了基本导向：[1]

（1）明确了生态环境的基本定位和基础性地位，即“良好生态环境是最公平的公共产品，是最普惠的民生福祉”，“良好生态环境是人和社会持续发展的根本基础”。

（2）明确了生态文明建设与发展生产力之间的关系，“保护生态环境就是保护生产力、改善生态环境就是发展生产力”，“决不以牺牲环境、浪费资源为代价换取一时的经济增长”。

（3）明确了中国生态文明建设的路径选择，即中国在环境治理问题上必须走不同于欧美老路的新的发展道路。

（4）把环境治理问题上升到安全高度，明确提出生态安全问题，为经济发展设置了不容逾越的“生态红线”。

（5）明确生态文明建设对于中国经济社会发展的价值，即“建设生态文明是一场涉及生产方式、生活方式、思维方式和价值观念的革命性变革”。使环境因素在中国政治和社会发展中，获得了排他性的优势地位，从而为中国环境外交的建设提供了关键性的理论依据。

综上，在这一阶段，伴随着中国生态文明建设体系的提出、确立和不断深化，生态政治已经成为中国当代政治的重要内容，从而对中国环境外交的发展提出了更高的要求：中国环境外交的工作重心要发生相应的转移，不仅要继续发挥原有的为中国生态文明建设提供外来资金、技术和智力支持的作用，还要承担着在国际环境领域塑造环境治理的“中国话语”、“中国模式”和“中国道路”的功能，坚持发展中国家立场，在国际环

〔1〕“习近平系列重要讲话读本：绿水青山就是金山银山——关于大力推进生态文明建设”，载人民网，http：//opinion. people. com. cn /n/2014/0711/c1003 - 25271026. html.

境治理体系中发挥建设性作用，适应国际力量对比新变化推进全球治理体系改革，共同推动国际关系合理化。环境外交成为中国生态文明建设中的重要环节，是中国实现有效环境治理的对外政策延伸。

二、中国环境外交理论研究团队渐趋成熟

冷战后至今，随着中国环境外交工作的进一步发展，中国国内环境外交理论研究团队渐趋成熟：形成了以官方研究机构和主要环境非政府研究机构为主的环境外交政策咨询机构和理论研究团队，其中官方研究机构主要集中在环境保护部、外交部；环境非政府研究机构中，中国环境与发展国际合作委员会（以下简称国合会）是国内权威性的环境问题研究智库；同时，中国环境外交官、中国国内非政府组织、中国国内学界的相关理论研究队伍，进一步丰富和充实了中国国内环境外交理论研究团队的构成。

（一）中国环境与发展国际合作委员会的研究贡献

中国环境与发展国际合作委员会，1992 年由中国政府批准成立，是一个由中外环发领域高层人士与专家组成的、非营利的国际性高级咨询机构，从 1992 年成立至今，在将近 23 年的工作中，为中国的经济发展与环境治理提供了大量的具有前瞻性、预警性的理论、策略和方法。国合会的工作目标中有三项与环境外交有关，可以概括为：促进中国环境与发展等方面的国际合作；向中国政府提供国际环境与发展领域的经验，并协助中国向外推介在此领域的成就、经验；提高中国参加以及履行全球性国际环境行动计划和参与国际公约谈判的能力。

国合会从 1992 年至今，共举行 5 届 22 次年会，通过了大量与中国环境外交有关的理论与对策。以 1992 年至 1999 年为例，国合会总计向中国政府提出 61 条建议，其中有 14 条建议涉及环

境外交工作。从1992年国合会成立开始，几乎中国环境外交的每一项新举措，都是在国合会专家组的理论支持下完成的。以第五届国合会（2012～2016）政策研究课题为例，课题研究包括中国实现“十二五”环境目标机制与政策研究、中国西部环境与发展战略及政策研究、区域大气综合质量控制体系专题政策研究、中国东部发展转型中的环境战略与对策、以渤海溢油为案例的中国海洋环境管理机制研究、环境保护与社会发展、消费与绿色发展等中国环境治理实践中最迫切需要重点攻关的问题，几乎每一个课题都与当年政府保护政策侧重的重点息息相关。

因此研究冷战后中国环境外交，必须重视研究国合会的对策建议和研究趋向，从中可以预测和把握中国政府在环境外交领域的决策动向，并可以据此进一步分析冷战后中国环境外交决策的背景和科学化程度。

（二）中国环境外交官的研究贡献

在中国环境外交理论研究方面，作出突出贡献的外交官主要有：曲格平、夏堃堡、王之佳。他们是中国本土培养的第一批环境外交官，是中国环境外交的先行者，参与了中国最早的环境外交实践，从实践中积累了大量的第一手资料，并逐渐摸索出中国环境外交的历史轨迹、基本理论和本土特点。其中曲格平的《梦想与期待：中国环境保护的过去与未来》、夏堃堡的《环境外交官手记》、王之佳的《中国环境外交》系列丛书，成为研究中国环境外交必不可少的参考书目和重要历史资料。在中国开展环境外交初期，环境外交绝大部分局限于官方外交，在环境外交的理论研究中存在信息不对称问题；而环境外交官作为中国进入国际环境领域的最早代表，对于环境外交这一外生概念的理解更为直观，对于中国环境外交实践的认识更为深刻，思考问题的角度更为全面和成熟。因此，他们的实践经验和理论建树，对于理解中国环境外交的决策背景具有重要意义。

（三）中国国内环境非政府组织对环境外交的研究

从事环境外交研究的国内环境非政府组织中，比较具有代表性的有：中国环境与发展国际合作委员会、国际全球环境变化人文因素计划中国国家委员会、全球环境研究所、自然之友等。其中，中国环境与发展国际合作委员会，是中国环境领域官方决策的高级咨询机构，在其每年向中国政府提供的课题和政策研究报告成果中，从国际环境合作、环境与贸易、应对气候变化、中国履行国际环境公约长期战略、中国发展与全球环境的相互影响等角度，对中国环境外交理论和实践问题展开论证，并提供建设性意见；国际全球环境变化人文因素计划中国国家委员会，是我国开展全球环境变化人文艺术精华的学术性机构，为国家的生态建设和环境外交工作提供咨询和服务，参与官方的国内、国际重大环境合作项目论证工作；全球环境研究所是中国第一家着手研究中国海外企业环境行为的中国非政府组织，在中美环境合作、中国可持续发展能力建设、中国海外企业环境行为等方面，从具体领域对冷战后中国环境外交的发展进行了研究和论证，其项目成果《中国对外投资中的环境保护政策》一书，是中国国内首部关于中国海外企业环境行为的专著；自然之友自2005年开始每年发布一本《中国环境绿皮书》，由专家、学者、官员、记者、律师、民间组织和环保行动者，立足民间立场、从公众视角出发，针对中国环保领域的问题展开广泛的探讨，并设立了“国际视野”专栏，就每一年度中国环境外交中的热点、焦点和难点问题进行集中探讨，旨在促进国际相关人士、机构对中国环保问题的正确认知，为政府在环境领域的对外决策提供监督和意见。

（四）中国学界的研究队伍建设

近几年，国内一些高校、研究机构的学术论坛、讲座、研究课题开始涉及环境外交问题，如2006年上海国际关系学会举办的第三届上海国际关系学会青年学者论坛，部分学者们在“改革开放30年与中国外交”的主题下，探讨了中国能源外交与国际责任问题、中国环境外交与国家形象塑造问题、全球环境治理和中国政策能力的变迁问题等；2009年5月，清华大学中美关系研究中心举办了环境研究圆桌会议，哈佛大学珀西瓦尔（Robert Percival）教授与清华北大学子探讨“气候变化与中美环境外交”系列问题。这些学术交流活动加强了国内学界与官方研究机构以及国外学界的交流，促进了中国国内环境外交理论研究队伍的建设。同时，国内一些高校开始在国际政治专业下设置环境外交理论的研究方向和研究项目，并开始局部出现了国内环境外交的研究队伍。目前青岛大学在国际政治专业已经下设了国际环境外交研究方向，该校丁金光教授的三个环境外交研究项目：美国环境外交与国际生态环境安全研究、中国环境外交政策与实践研究、外国环境保护对青岛市建设生态城市的启示，分别获得了国家社科基金项目、山东省社科规划办项目、青岛市社科规划办项目。目前青岛大学、北京大学、武汉大学在国内环境外交领域研究中处于相对领先地位，并出现了丁金光、张海滨、蔡守秋等领军人物。

（五）环境外交相关学科的研究为国内环境外交研究团队提供了理论背景支撑

理论界对于中国环境外交研究的具体情况，本书已在序言中的国内研究现状中作了详细的介绍，此处不再赘言。在环境外交理论研究兴起的同时，冷战后，国内学者也从不同的研究视角，对环境问题展开了广泛深入的研究，为环境外交的理论和实践供了相关理论背景支持，主要有：国际政治非传统安全研究中的生态安全研究、国际政治的地缘政治研究、政治学的生态政治研究、环境经济学研究、环境伦理学研究、环境法学研究（包括环境法与国际环境法）、环境科学研究等，其中发展最为迅速的是环境经济学研究、环境法学研究、生态安全的研究。例如：我国学者胡鞍钢提出的绿色发展要以人为本，要使经济和环境统一协调发展的观点，得到了国合会外方首席顾问汉森的高度肯定。[1] 由于环境外交处于环境学与外交学的交叉领域，在具体的国际谈判、国际合作项目中，科技含量大，技术性要求高，因此，国内在环境领域相关学科的发展，为中国国内开展环境外交工作提供了更为坚实的理论支撑，提高了中国参与国际环境外交的能力，增强了中国在国际环境领域的底气。

三、调整和完善中的中国环境外交组织框架

冷战后中国通过对环境外交组织体系的调整，形成了从中央到地方的相对完备的组织体系，完善了组织框架，扩大了组织规模，为中国环境外交实现历史性转变准备了条件。

（一）冷战前中国的环境外交组织概况

1973 年，作为中国参加人类环境大会的成果之一，中国成立了国内环境保护的第一个国家级机构——国务院环境保护领导小组办公室（以下简称“国环办”）；1982 年，经过第一次机构改革，在国环办的基础上成立环境保护局，隶属于当时的城乡建设环境保护部，也就是建设部；1984 年，环境保护局更名国家环保局，依旧隶属于建设部；1985 年，国家环保局设立了

---

〔1〕“国合会 2010 年年会 11 月 10 日下午文字实录”，载中国环境与发展国际合作委员会网站，http：//www. mep. gov. cn.

外事处，负责开展环境外交；1988 年，国家环保局从建设部分离出来，更名为国家环境保护局，并于同年，成立了外事办公室，具体负责环境外交工作；1989 年，我国官方首次明确提出环境外交的概念，为加强环境外交工作，外交部国际司、条法司开始介入环境外交，由专人负责环境与发展事务，国家环境保护局成为地位仅次于外交部的环境外交机构。

（二）冷战后中国环境外交组织体系的调整

1. 冷战后中国环境外交组织机构格局的调整。首先，环境外交组织机构的级别和地位得到提高，1993 年国家环保局升格为副部级直属局，1998 年国家环保局升格为正部级直属局，更名为国家环境保护总局，2008 年国家环境保护总局升格为环境保护部，负责环境外交工作的机构也相应地升格为环境保护部国际合作司。其次，通过调整，明确了环境外交组织机构的具体分工，即在环境保护部内部，国际合作司负责环境外交具体事项的研究建议、履行国际环境条约、开展国际环境合作、负责联系国际环境组织等；政策法规司负责管理国际公约的国内立法配套工作；核安全管理司负责核与辐射安全问题；自然生态保护司负责相关国际公约的国内履约；科技标准司负责参与应对气候变化谈判等；条约法律司主要负责组织参与气候变化、环境条约的外交谈判；等等。最后，1999 年国家环保局颁布了《全国环境保护国际合作工作（1999 ~ 2002）纲要》，全面地规定了冷战后环境外交工作的组织体系和基本框架，从而以政策的形式规划了环境外交组织机构的基本格局。

2.《全国环境保护国际合作工作（1999 ~ 2002）纲要》与冷战后中国环境外交的组织体系建设。《全国环境保护国际合作工作（1999 ~ 2002）纲要》是全面规划中国环境外交的第一个纲领性文件。对于冷战后中国环境外交的组织体系建设问题，在指导思想、智力支持、队伍建设、人才储备、理论支撑、舆论信息等方面，提出了综合性的要求，解决了环境外交组织机构“该干什么”和“怎么干”的问题。其具体内容如下：

（1）规定了中国环境外交组织体系的指导思想和工作目标。

（2）规定了中国环境外交组织体系的工作内容：做好国际环境公约的谈判和履约工作；进一步扩大国际合作；提高中国在区域环境外交中的地位，在亚太经合组织中发挥环保中心作用；提高党和国家领导人在重大外事活动中环境保护内容的比重，推进地方政府开展环境外交；加强对外环境经济及技术合作，及时引进技术和资金等。

（3）规定了中国环境外交组织体系的保障措施：

第一，智力支持：以国合会专业工作组的研究作为决策保障，充分发挥其作用。

第二，队伍建设：进一步加强环境外交的机构和队伍建设，重点加强地方环境外交的机构和队伍建设，在有条件和重点的相关地区，设立专门机构，其他地区设立专管人员，以保证中央到地方环境外交组织机构的完整衔接。

第三，人才储备：采取对外交流、培训、培养等方式，储备环境外交后备力量；选拔优秀人才向国外推荐，扩大我国环境外交的影响。

第四，理论支撑：加强对环境外交领域的热点问题、重点领域的研究，深入开展调研，及时提出对策。

第五，舆论宣传与信息储备。

3.《“十二五”全国环境保护国际合作工作纲要》与冷战后中国环境外交的组织体系建设。《“十二五”全国环境保护国际合作工作纲要》，主要规划了2011年至2015年期间中国环境保护国际合作的重点任务和主要工作：

（1）提出了环境外交组织体系的工作目的和基本定位，即以服务国家政治外交大局、服务环保中心工作为目的，积极融入国内环保中心工作。

（2）明确了环境外交组织体系的重点任务，即服务国家政治外交大局、服务国内环境保护中心工作、服务和加强环境保护能力建设。

（3）规划了环境外交工作的组织保障体系，提出要在组织领导、体制机制、基础建设、经费保障、队伍建设五个方面加强保障措施。

（4）提出了加强环境外交组织体系的基础能力建设、保障能力建设、环保国际合作人才工程等建设的三个重点支撑项目。

《"十二五"全国环境保护国际合作工作纲要》，在组织体系建设问题上总体延续了《全国环境保护国际合作工作（1999～2002）纲要》的思路，对于环境外交的定位还是停留于环境保护国际合作的框架，没有针对中国生态文明建设中的现实变化对于环境外交的基本内涵作出更广义的解读，从而对环境外交的组织体系建设中的主体问题、知识建构问题、社会参与问题作出进一步的规划。

四、中国环境外交基本格局初步形成

冷战后中国环境外交已经初步形成了全方位、多层次、广泛性的基本格局。

（一）环境外交领域更加广泛

冷战后，中国在多边环境外交、双边环境外交领域，积极参与国际环境立法和履约、广泛开展国际合作、妥善解决国际环境争端。

1. 在多边环境外交领域：中国签订或加入了《联合国气候变化框架公约》及其《京都议定书》、《生物多样性公约》、《关于特别是作为水禽栖息地的国际重要湿地公约》、经修正的《关于消耗臭氧层物质的蒙特利尔议定书》、《联合国防治沙漠化公约》、《1994 年国际热带木材协定》等 50 多项涉及全球环境保护的国际公约;[1] 编制了《中国环境保护 21 世纪议程》、《中国生物多样性保护行动计划》、《中国 21 世纪议程林业行动计划》、《中国海洋 21 世纪议程》、《中国消耗臭氧层物质逐步淘汰国家方案》等重要文件以及国家方案或行动计划，认真履行条约义务;[2] 积极参与全球环境基金、世界银行、联合国环境规划署、联合国可持续发展委员会、国合会、国际自然保护同盟等国际组织的国际环境合作；积极参与周边区域环境治理，发起或参与了中日韩三国环境部长会议机制、大湄公河次环境区域合作机制、西北太平洋行动计划、东亚海洋行动计划协调体、东盟“10 +3”环境部长会议等，为周边区域的环境治理作出了积极努力。

2. 在双边环境外交领域：中国在 1999 年至 2005 年，先后与美国、朝鲜、加拿大、印度、韩国、日本、蒙古、俄罗斯、德国、澳大利亚、意大利、乌克兰、芬兰、挪威、丹麦、荷兰等国家签订了环境保护双边合作协定或谅解备忘录。[3]

3. 在国际环境争端解决方面：针对在周边地区发生的跨界环境污染事件，中国以积极负责的态度处理双方之间的环境争议，并建立了相应的应急措施解决机制。例如：2005 年发生的

---

〔1〕 根据环境保护部网站国际合作数据整理，见 http://gjs.mep.gov.cn/g#hz/index.htm.

〔2〕 中华人民共和国国务院新闻办公室：“《中国的环境保护》白皮书”，载人民网，http://www.people.com.cn/GB/channel2/10/20000908/224887.html.

〔3〕 中华人民共和国国务院新闻办公室：“《中国的环境保护》白皮书”，载人民网，http://www.people.com.cn/GB/channel2/10/20000908/224887.html.

中俄松花江跨界水污染事件，就是我国解决双边领域环境纠纷的一个典型案例。2005 年 11 月 13 日，中国石油吉林石化公司双苯厂发生爆炸，导致约 100 吨苯类物质（苯、硝基苯等）流入松花江，造成了江水严重污染，对中俄界河黑龙江（俄方称阿穆尔河）造成了直接影响，沿岸数百万居民的生活受到影响。2005 年 11 月 23 日，国家环保总局向媒体通报，国家环保总局局长解振华因这起事件提出辞职。

针对这起跨界水污染事件，我国本着高度负责、积极合作的态度，主动承担责任，在对事故采取应急措施、恢复松花江水体供水能力之后，组织中俄两国环境专家，对中俄两国边境地区跨界水体进行联合监测，并积极开展技术交流。中俄双方于 2008 年签订了《中华人民共和国政府和俄罗斯联邦政府关于合理利用和保护跨界水的协定》、《中华人民共和国环境保护部和俄罗斯联保自然资源与生态部关于建立跨界突发环境事件通报和信息交换机制的备忘录》，对双方跨界水域开展长期治理；[1] 2010 年，中俄环保部门在黑龙江黑河下游卡伦山附近的江面上，开展 2010 年明水期首次中俄跨界水体水质联合监测，经过 3 年的联合监测，中俄环保部门专家确认黑龙江水质良好。中俄环保部门对黑龙江水体水质监测自 2007 年 6 月开始，到 2011 年正式结束。

（二）环境外交层次更加多样

冷战后，中国通过参与国际环境立法、履行国际环境条约、开展国际环境合作、解决国际环境争端，不仅与主要环境大国，如美国、德国、日本、巴西、印度等国政府建立了良好的合作

〔1〕“环境保护大事记（2008 年 11 月）”，载环境保护部网站，http：//bgt. mep. gov. cn/hbdsj/http：//www. most. gov. cn/gnwkjdt/200812/ t20081210_ 132230. htm.

关系，而且积极巩固了与周边邻国，如韩国、蒙古等国家在区域环境治理方面的合作；加强了对在国际环境与发展领域处于不利地位的国家，如非洲国家和哥斯达黎加等太平洋小国的环境合作与环境援助；形成了坚持发展中国家立场、立足周边区域环境治理、加强与主要环境大国合作的多层次外交格局。

同时，我国在与国际组织的国际合作中，不仅积极发展了与联合国、世界银行等政府间国际组织在国际环境领域的国际合作，而且加强了与世界自然基金会、国合会、地球之友、世界自然保护同盟等国际环境非政府组织的交流与合作；同时在国内鼓励支持中国本土环境非政府组织的发展，与国际环境非政府组织实行对接，丰富了中国环境外交的层次；在此期间，我国还发展了与国外的跨国公司、基金会、民间环保组织、研究机构在环境领域的国际合作，如与美国强生公司合作对犀牛骨和虎骨贸易进行全面评估、与美国惠普公司开展保护可可西里“数字中国”项目、与美国通用电气基金会中美合作环境保护教育师资培训项目——绿色种子行动、中国国际民间组织合作促进会与美国环保协会签订的民间环保合作备忘录、中国环境与发展国合会和斯德哥尔摩环境研究所签署的《长期战略合作谅解备忘录》，等等。中国环境外交在冷战后出现了多轨趋势，提高了民间外交在中国环境外交中的比重。

此外，我国加强了对国内地方环境外交机构的建设，从而在主体的参与层次上，形成了冷战后中国环境外交从国内到国际、从中央到地方、从政府到民间的多层次格局。

（三）环境外交内容更加广泛

冷战后，中国环境外交的内容得到了进一步的拓展，主要表现在：

首先，环境外交工作涉及环境问题具体领域的各个方面，包括：海洋环境保护问题、气候变化问题、生物多样性保护问题、臭氧层保护问题、水资源保护问题、荒漠化防治问题、环境激素预防问题、城市污染防治问题、农村污染防治问题、化学危险品安全管理问题等方面；涉及国际环境领域进行环境治理的各项具体内容，包括：与国际组织、外国政府、跨国公司合作开展环境法律研讨培训、环境科学技术合作、生态示范工程建设、环保人员的培训与交流、国内环境治理能力建设等。

其次，环境外交工作涉及环境问题相关领域的具体内容，例如：我国在加入WTO以后，作为缔约国，不仅要履行一般义务，同时也必须履行WTO内与环境有关的规定，具体包括：GAAT第20条例外权之规定以及《技术性贸易壁垒协定》、《实施卫生与动植物检疫措施协议》、《补贴与反补贴协议》、TRIPS、《农业协议》、《服务贸易总协定》中涉及环境保护的具体内容等，因此，中国在加入WTO后，积极调整国内立法，内化WTO涉及环境保护的有关规定，应对在农产品出口、工业设计等领域的“绿色壁垒”问题。

再次，中国充分利用党和国家领导人的重大外交活动机会，通过多种形式推动环境外交的发展，环境保护问题逐渐成为政府首脑高层会谈的主要议程。以2008年一年中美两国高层会谈为例，在中美2008年6月的第4次战略经济对话中，两国签署了中美能源环境十年合作框架；在2008年12月的第5次战略经济对话中，两国同意在应对环境可持续性、气候变化、能源安全挑战方面继续进行密切沟通和广泛合作。[1]

最后，中国充分利用外交热点问题，积极开展环境外交公

---

〔1〕 根据环境保护部网站环境保护大事记数据统计，见http：//bgt. mep. gov. cn/hbdsj/.

关工作。例如：在北京2008年奥运会期间，提出了“绿色奥运”、“科技奥运”、“人文奥运”的口号，将“绿色奥运”排在第一位，“人文奥运”、“科技奥运”要以“绿色奥运”为前提和基础，表示了中国政府尊重自然、重视环境的基本理念；同时，积极落实向世界人民的“绿色奥运”承诺，北京奥组委制定了《奥运工程环保指南》、《奥运改扩建工程环保指南》以及《奥运临建工程环保指南》等文件，北京市在112个签约饭店和72个竞赛场馆（群）安装了先进的室内空气质量实时在线监控管理系统；[1] 并在北京社区中宣传“绿色奥运”、“绿色出行”等节能减排活动，确保了北京奥运期间的空气质量。在奥运火炬传递受到干扰等排斥中国奥运的不利因素下，取得了奥运绿色外交的成功。

在2010年上海世博会期间，我国充分利用世界各国元首、民间人士来访的机会，积极开展环境外交，向世界各国人民宣传上海世博会的绿色“低碳实践”、中国坚持可持续发展的基本理念和与世界各国合作应对气候变化的主要政策，并与来访各国就合作应对气候变化深入探讨，进一步扩大中国环境外交的国际影响，向世界各国人民展示了中国积极应对全球环境问题的正面形象。

五、中国环境外交的社会参与不断拓展

冷战后中国环境外交的社会参与得到进一步的丰富和拓展，主要表现为中国本土的环境非政府组织、跨国公司参与到了国际环境合作当中。

1979年成立的中国环境科学会，是我国第一个环境非政府

〔1〕“北京奥组委举行新闻发布会　承诺奥运期间空气质量达标”，载环境保护部网站，http：//www. zhb. gov. cn/zhxx/hjyw/200802/t20080228_ 118737. htm.

组织；1993年成立的中华环境保护基金会，是中国第一个环境保护的民间基金会。这两个组织都有着明显的官方色彩：前者挂靠环境保护部，后者由中国首任国家环保局长、现任全国人大环境与资源委员会主任委员曲格平先生出资创立。这使得二者在开展环境外交、参与国际合作方面有着其他民间非政府组织无法比拟的优势。

中国环境科学会主要开展国际环境民间学术科技交流，以及与国外环境非政府组织的国际合作。冷战后参与的比较有代表性的环境外交工作有：1993年中日环境问题国际研讨会、1997年与人类生态学会联合举办的97中国环境论坛——经济、社会与可持续发展国际研讨会、2006年出席印度“第十二届世界湖泊大会”、2006年中国科协国际会议中心和美国生态博览会公司共同举办的“2006中国国际生态博览会”、2006年出席武汉“第十三届世界湖泊大会”等。

中华环境保护基金会的环境外交，主要包括：开展和资助国际环境交流与合作，并为中国国内环境治理向海外企业募集资金。冷战后具有代表性的环境外交工作有：1995年与日本环境协会、美国东西方协会联合举办“第五届太平洋环境会议”、2007年与美国律师协会全球法治项目部中国项目办公室共同举办的环境纠纷与ADR（非诉讼纠纷解决方式）研讨会、2007年向花旗集团募资成立“格平绿色助学行动”以及2008年联手安利（中国）公司共同设立的“安利环保公益基金”等。

中国民间环境非政府组织参与的环境外交主要有：以实际行动推动政府、公众履行国际条约，保护国内环境；参与国际组织交流与合作。例如：1998～1999年自然之友等组织发起的保护藏羚羊、金丝猴的联合行动，2002年绿色北京发起的“拯救草原”项目，2004年的青海“绿色社区网络”，参与世界可持续发展首脑会议和全球环境基金会，参与北京可再生能源大会 NGO 论坛等。[1] 同时，中国环境非政府组织密切关注我国的重大环境外交决策，如气候变化问题、大湄公河次区域环境开发问题等，在环境信息收集、志愿者培训、公众教育、舆论宣传、理论研讨方面做了大量的工作，为中国环境外交增添了民间外交、公众外交的内容，对中国政府的环境外交工作起到了一定的监督、辅助和补充作用。

冷战后随着中国经济的高速发展，中国企业中开始出现大量的跨国公司，成为中国环境外交中一股不容忽视的新生力量。中国跨国公司参与的环境外交实践主要包括：一是对外履行企业环境社会责任。如 1993 年成立的中国国际跨国公司研究会（后更名为中国国际跨国公司促进会），通过开展如食品药品安全国际论坛、清洁煤示范和推广项目等方面的国际合作，推进中国跨国公司履行企业环境责任。二是开展国际环境技术交流与合作，引进清洁能源技术，提升自身的国际竞争力。如青岛海尔集团与美国马里兰大学等合作研发节能无氟冰箱，开启了中国节能无氟冰箱时代，在履行中国企业环境社会责任的同时，推进了中国企业的海外发展战略。三是对外输出本国环境技术和环境产品，开展国际环境合作。如 2015 年，在中国广核集团的牵头下，上海电气、东方电气、金风科技、英利集团等中国企业强强联合，赴哈萨克斯坦推介中国核电、风电、太阳能等清洁能源。期间，中广核与哈萨克斯坦国家原子能工业公司签署了《开发清洁能源合作谅解备忘录》。

此外，中国国内互联网的普及、新媒体的发展，改变了中

〔1〕 梁从诚主编：《2005 年：中国的环境危局与突围》，社会科学文献出版社 2006 年版，第 246、247 页。

国环境外交单向传播、官方与民间信息不对称的局面，加速了环境信息的传播速度，促进了环境观念的传播，在时间和空间上降低了环境外交社会参与的交流成本，扩大了环境外交社会参与的影响范围，但也为环境外交的社会参与带来了很多不确定性的因素。如环境事件虚假信息的传播、环境非政府组织的跨国反政府行为等。

综上，冷战后中国环境外交的社会参与得到了拓展，中国公众的环境意识、对于环境外交的关注程度不断提高，大众传媒的发展使公众比过去更有机会获得环境外交的具体信息。因此，环境非政府组织作为政府与市场之外的环境治理工具，企业作为履行社会环境责任的主体，在政府主导的前提下，与政府共同参与和开展环境外交。

第三节　冷战后中国环境外交的阶段性成效

冷战后中国环境外交在指导思想、理论研究、组织体系、基本格局、社会参与等方面取得了实质性的发展，在塑造其基本框架和格局的同时，推动了全球环境治理、中国外交工作、国内环境治理的发展，为自身在中国经济社会发展的战略转型阶段实现历史性转变与战略突破，创造了良好的内外条件。

本节将重点从冷战后中国环境外交对全球环境治理的作用，以及对国内环境治理体系塑造的角度，探讨冷战后中国环境外交的主要成效和历史贡献问题。

一、推进全球环境治理的区域化、本土化

冷战后中国环境外交对于全球环境治理的贡献主要体现在以下三点：

1. 通过推动国内环境治理，实现全球环境治理的区域目标。在 1972 年中国开始参与环境外交时，中国对于现代意义的环境保护问题，无论在理论上、制度上、组织机构上、社会参与上都处于空白阶段，甚至在基本概念上与国际环境领域也无法达成共识，因此，在中国环境外交的萌芽起步阶段，环境外交的主要任务就是向西方社会学习和引进现代意义的环境保护理论和环境治理体系，从无到有逐步建构中国国内环境治理体系的基本框架。但是由于在这一阶段，中国国内政治生活中的对意识形态工作的过分强调、经济生活中对于经济发展的片面强调，中国国内虽然初步建立起现代环境治理体系的雏形，但是环境保护工作缺少核心技术和基础理论的支撑，在发展质量和治理能力上都处于相对落后状态，从而导致国内环境保护工作和环境外交工作在中国经济政治生活中整体处于边缘化地位，沦为了政治和经济发展的附庸。

冷战后中国通过环境外交的开展，为国内引进了西方发达国家环境治理的理论、经验、技术和资金，推动了国内环境科学技术的发展和环境管理能力建设，初步完成了国内环境领域从环境保护到环境治理的观念、制度、社会实践的转变，初步建构了国内环境治理体系的基本框架，使中国国内环境治理在基本理念、基本制度、组织结构层面，具备了与国际环境机制对话的能力，实现了中国国内环境治理与全球环境治理的对接，为发展中国家参与全球环境治理、落实可持续发展承诺，作出了贡献和表率。

在此期间，中国在环境与发展问题上正处于关键性的转型阶段。随着中国国内经济的快速崛起、国际地位的不断提高，中国在国际环境领域，尤其是在气候变化等关键领域具有了举足轻重的地位。作为新兴市场国家和发展中国家、人口大国、排放大国，中国的转变和抉择必将对全球环境治理产生重要的影响。为了推进全球环境治理的发展，中国克服自身发展中存在的局限，在应对气候变化问题上积极承担国际责任，主动发挥建设性作用：在组织措施上，成立了由国家总理担任组长的国家气候变化领导小组；在政策保障方面，制定了第一份发展中国家应对气候变化的国家方案；在承诺落实方面，早在“十一五规划”中就已经制定节能减排的约束性目标，也就是每年单位 GDP 的能耗要降低 4%，5 年降低 20%，并在 2008 年完成了减排目标。[1] 在“十二五”规划期间，制定了《节能减排“十二五”规划》，承诺到 2015 年，单位工业增加值（规模以上）能耗比 2010 年下降 21% 左右，建筑、交通运输、公共机构等重点领域能耗增幅得到有效控制。[2] 在气候变化领域，中国通过自我限制的做法，务实而积极履行国家承诺，在推动中国国内环境治理的发展、解决中国目前面临的环境问题的同时，实现了全球环境治理的区域目标，为全球环境治理作出了贡献和表率。[3]

2. 通过参与国际环境合作，促进全球环境治理的发展。冷战后，国际环境问题的全球性、复杂性，对传统的国际环境机制提出了挑战；国际环境问题的严峻性、紧迫性，进一步凸显了应对国际环境问题时的政府失灵和市场失灵问题。在国际环境领域中，环境大国之间的力量角逐、南北方国家的利益对立，

---

〔1〕“中国外交部发言人呼吁发达国家率先减排”，载新华网，http://news.xinhuanet.com/world/2009-02/05/content_10769838.htm.

〔2〕“国务院关于印发节能减排‘十二五’规划的通知”，载工业和信息化部网站，http://www.miit.gov.cn/n11293472/n11293832/n13095885/14789472.html.

〔3〕莫里斯·施特朗：《建立全球环境治理的新范式》，转引自张海滨：《环境与国际关系：全球环境问题的理性思考》，上海人民出版社 2008 年版，序言。

严重阻碍了国际环境领域中的全球协作。因此，应对冷战后的全球环境问题，需要国际社会加强对话与合作，引入新的治理方案和治理工具，实行全球环境治理。

中国作为一个环境资源大国，经过 1972 年以后四十多年环境外交工作的开展，在国际环境外交领域已经成为发展中国家的意见领袖。中国在 1992 年世界环境与发展大会、2002 年世界可持续发展首脑会议以及在气候变化问题等重要领域的谈判中，始终坚持发展中国家的立场，坚决捍卫中国和广大发展中国家的发展利益，与国际环境领域的霸权主义和强权政治做斗争，努力推进发展中国家与发达国家之间的对话与合作，积极履行国际环境领域的国家责任，树立了负责任的大国形象，推动了全球环境治理的发展。中国在国际环境与发展领域的外交贡献等得到了联合国的充分肯定，2013 年在南南发展博览会肯尼亚内罗毕闭幕式上，联合国南南合作局向中国政府颁发了联合国南南合作奖。

3. 通过内化国际环境机制，丰富全球环境治理的内容。为了适应冷战后国际环境外交的法律化趋势，中国积极履行国际环境条约的义务，以国内法律、政策形式，内化和落实国际承诺，在完善我国国内环境法制建设的同时，丰富了全球环境治理的内容。为切实履行条约义务，我国积极采取措施，加强在环境法律研究领域的国际合作，加强对环境法的国内研究工作。

我国于 1992 年召开了首次环境法国际研讨会，2006 年正式成立了中国环境科学会环境法学分会，提高了对国际环境条约的学习和内化能力。同时，在国内环境法律体系内，进一步落实我国承诺的有关国际环境条约义务，如为落实《联合国海洋法公约》义务，我国制定了国内大气污染物质与量的管制、海洋污染防治中有关陆源污染、船舶污染、海洋工程污染或海抛污染的防治规章；为落实《巴塞尔公约》义务，我国在国内环境法中规定了废弃物清理制度、有害废弃物的管制输出制度；为落实《生物多样性公约》义务，成立了国际生物多样性年中国国家委员会，通过《中国生物多样性保护战略与行动计划（2011～2030年）》，明确了今后20年我国生物多样性保护工作的指导思想、基本原则、目标任务和保障措施等，批准《区域生物多样性评价标准》等六项标准为国家环境保护标准，通过了《实施〈中国生物多样性保护战略与行动计划〉》和《联合国生物多样性十年中国行动方案（含2012年方案）》，将保护野生动植物、禁止濒危生物之贸易、维护古迹文化列入国内环境法律保护。

随着我国环境外交工作的广泛开展，中国认真地履行了其签署或加入的国际环境条约义务，在国内法体系内逐步落实我国在国际环境领域的国家承诺，不断完善国内环境法律体系；同时，带动了国内国际环境法研究的起步和发展，逐步实现了中国在环境法律领域与国际环境机制的接轨，推进了全球环境治理与中国环境治理在法律领域的对话与合作；并以中国本土化的环境法律实践，不断丰富和发展着国际环境法律机制。

二、对国内环境治理的外交保障和知识建构

冷战后，中国通过环境外交的开展，逐步融入了国际环境体系。作为中国进入国际环境体系的结果，中国必须履行在国际环境领域的国家承诺，在国内建立相应的法律、制度、组织结构，逐步内化国际环境机制的基本原则和基本制度。通过内化国际环境机制，中国国内实现了环境治理理念国际化、国际环境法律本土化，并加强了环境治理能力建设，初步建构起了国内环境治理体系。

1. 植入了中国国内环境治理的基本观念。冷战后，中国通过环境外交的开展，接受了国际环境领域的基本价值观念——可持续发展观念，并将其逐步落实为国家的基本政策和社会的基本观念。

针对人类在环境与发展问题上面临的严重危机，1992 年的联合国环境与发展大会提出了可持续发展观念。可持续发展观念反思了西方发达国家环境污染与治理的历史过程，质疑了西方发达国家主导的市场经济发展模式，在人类发展与环境保护的问题上，将环境保护与经济、社会的发展相联系，提出了可持续发展战略。所谓可持续发展，是指既满足当代人的需要又不对后人满足其需要的能力构成危害的发展。可持续发展战略被公认是当今世界正确的发展模式，成为国际环境机制的基本原则。1992 年中国在联合国环境与发展大会上采纳了可持续发展战略，同年，中国成立了自己的可持续发展委员会，批准了《环境与发展十大对策》，其中第一条对策就是“走可持续发展道路是当代中国以及未来的必然选择”;〔1〕 1994 年中国政府率先编制批准《中国 21 世纪议程——中国 21 世纪人口、环境与发展白皮书》，作为中国制定国民经济和社会发展中长期计划的一个指导性文件，突出了可持续发展的总体战略思想，确定中国未来实施可持续发展的主要措施和基本方案；中共十四届五中全会通过的《中共中央关于制定国民经济和社会发展“九五”计划和 2010 年远景目标的建议》，正式将可持续发展纳入为我国的重大发展战略；中共十五届五中全会通过的《中共中央关于制定国民经济和社会发展第十个五年计划的建议》，将实施可

〔1〕“贯彻环境保护基本国策　实现可持续发展——就我国改革开放以来环境保护事业发展访李鹏同志”，载环境保护部宣传教育中心网站，http：//www.chinaeol.net/news/view.asp？id=58413&cataid=10.

持续发展战略上升为关系到中华民族生存和长远发展的高度；中共十六大、十七大又先后将可持续发展纳入到“全面建设小康社会”和“科学发展观”的理论体系中。从中央到各地方政府制定了一系列相应政策，在地方经济、社会和环境综合治理的具体实践中，进一步落实可持续发展的战略思想。

同时，中国通过环境外交的开展，加速了公众参与环境事务观念在中国社会的渗透。公众参与是世界环境保护运动兴起的重要源泉，也是实现国内环境治理的主要动力。20 世纪 90 年代后，随着环境外交的开展、国家政策的放宽、中国民间环境非政府组织的诞生和发展，中国公众参与环境事务的平台不断拓宽，公众参与环境保护的广度和深度不断提高，公众参与环境事务的渠道更为多样化。根据 2008 年中国环境文化促进会编制的“中国公众环保指数（2008）”调查显示，2008 年环境污染问题在“我国公众最关注的社会热点问题”中排名第三，至此环境污染连续三年成为公众最关注问题的前三甲。[1] 公众环保指数的使用表明公众参与环境事务的观念已经深入渗透到了中国的公民社会领域，成为我国环境治理的一项重要准则。

此外，中国通过环境外交的开展，吸引了本土的大批社会精英、特别是知识精英投身于环境保护工作，开启了对于中国本土环境治理的思想启蒙，促进了环境保护知识和观念的传播，推动了环境治理的社会变革与能力建设。其中比较有代表性的有：公共知识分子梁从诫、中国“环保之父”曲格平、中国环境外交的记录者王之佳、环境法专家王灿发、著名媒体人柴静、摄影师奚志农等。这些知识精英在国内环境观念的传播过程中，

---

〔1〕 杨东平主编：《中国环境发展报告（2009）》，社会科学文献出版社 2009 年版，第 354 页。

在不同领域发挥了重要作用，同时也成为中国个人参与环境外交的先行者。

2. 国际环境法律体系的本土化。冷战后，中国通过环境外交的开展，促进了国际环境领域的法律制度、基本概念在中国的本土化。

中国市场经济发展起步较晚，环保问题在国内一度不受重视，环境立法能力总体上较为落后，在一些立法原则上甚至落后欧美日先进国家二三十年，如我国立法原则中的“预防与治理共构原则”，美国早在20年前就已经提出，现在已衍化为“预防先于治理”。我国环境法律的发展很大程度上要归功于我国环境外交的努力。中国环境法相对于西方发达国家，研究起步较晚，发展时间较短，国内环境保护法律法规几乎都是参照国际环境条约的标准制定的。经过冷战后30年的环境外交努力，我国通过环境外交实践植入了环境权、排污许可制度、环境知情权、环境影响评价制度以及生态补偿、循环经济等法律概念，环境权和环境保护已经成为国家主权、发展权、生存权的重要内容和重要条件，成为了国家的重要安全问题；2008年中国颁布了《水污染防治法》，首次将“生态补偿”落实为我国国内环境法律的概念，同年出台了《循环经济促进法》、《环境信息公开办法（试行）》、《建设项目环境影响评价分类管理目录》等，2011年颁布了《行政强制法》，2015年施行了最新修订的《环境保护法》，制定了水环境保护、大气环境保护、土壤环境保护、环境噪声与振动、固体废物与化学品环境污染控制、核辐射与电磁辐射环境保护、生态环境保护，以及清洁技术、环境影响评价、环境标志产品等详细的环境标准样本，将各项制度和概念具体内化于中国的国内环境法律制度中。

从中国环境法的发展历史来看，中国基本的环境污染预防法律发布或修改于20世纪80年代以及90年代后期，在此之后，中国大部分的注意力都集中到了修改和协调国内与国际环境法方面。到目前为止，中国已经建立起了比较齐备的环境法、环境规则以及环境标准体系。世界银行报告中指出，从立法和机制建设来看，中国“毫无疑问处在发展中国家的前列”。[1] 在以国内法内化国际环境机制的概念、制度和条约承诺的同时，中国逐渐扭转了片面重视经济发展、忽视环境保护的消极态度，开始积极推广可持续发展目标，努力履行国际环境条约义务，在国际环境领域逐步树立负责任的大国形象。

此外，冷战后中国环境外交的发展，带动了中国国内学界在国际环境法研究领域的起步和发展，使国内的国际法、环境法的理论体系更加完备，提高了国内环境治理的法治水平和在国际环境领域中的参与能力与对话能力。同时，中国通过环境外交的开展，引进了国际环境保护标准，并在中国的经济发展和社会生活中，逐步落实国际环境标准，为中国政府与企业在国际领域应对“绿色壁垒”问题，做好了知识和制度的准备。

3. 对国内环境治理的外交保障和知识建构。冷战后，中国通过环境外交的开展，为国内环境治理引进了大量的资金和技术，增加了国内环境治理的资金和技术投入；同时通过广泛开展国际环境理论研讨、交流与合作，提高了国内环境管理的研究能力；通过与中国环境与发展国际合作委员会等国际研究机构的国际合作，实现了对国内环境管理的知识建构，提高了国内环境管理机构的决策水平和治理能力。

以2007年至今为例，中国政府发起或参与举办了低碳经济

---

〔1〕 转引自薄燕主编:《环境问题与国际关系》，上海人民出版社2007年版，第229页。

和中国能源与环境政策研讨会、第八届中日韩三国环境教育研讨会、中国瑞典可持续发展研讨会、“战略环评在中国”国际研讨会、中欧环境执政能力研讨会、可持续发展消费国际研讨会、生物多样性与气候变化国际研讨会、“绿色中国与和谐世界”国际研讨会、战略环境评价中的区域生态风险理论与方法国际研讨会、中挪环境合作上海世博研讨会、区域空气质量管理国际研讨会、中国—东盟绿色产业发展与合作研讨会、中意绿色经济高层研讨会、中国—上海合作组织环保合作高层研讨会等理论研讨活动，向西欧、美国等在环境治理方面领先的国家学习，加强和巩固东亚区域在环境治理领域的命运共同体联系，丰富了中国环境治理的外交实践和知识储备。

此外，国合会在中国环境外交和中国国内环境治理的发展中发挥了权威的智力支持功能，对中国国内环境管理的能力建设起到了知识建构作用。国合会迄今已经召开过4届23次年会，每年都有涉及中国环境管理能力建设的专家建议。[1] 概括起来主要有：

1. 环境管理的技术能力：在环境监测能力方面，提议建立全国性的生态环境监测系统，并实现与国际联网；引入清洁生产概念和清洁生产机制：确定了国内清洁生产的具体领域，以及与之相配套的经济、政策、污染控制等问题；应用环境经济学：将环境经济应用于国内环境管理的全过程，主要涉及循环经济和绿色GDP核算体系。

2. 环境管理的制度层面：加强环境管理的综合机制、改进环境管理的协调机制；扩大社会参与，鼓励企业承担环境社会

---

〔1〕 根据中国环境与发展国际合作委员会中文网站数据统计，见 http：//www.cciced.net，2015年5月15日访问.

责任；建立政府、企业和公民社会之间的合作伙伴关系；建立健全制度，将环境保护纳入各级政府官员考核业绩；加强环境法律体系的建设；在国内建立环境应急机制：建立健全全国重点地区重大灾害的检测、预警、信息反馈及应急系统；等等。

冷战后，通过与国合会的国际合作，中国在国内环境治理中引入了环境监测网络、环境影响评价制度、清洁生产机制、企业社会环境责任、绿色 GDP 等环境管理技术、制度和方法。同时，依据国合会的专家建议，加强了中央与地方各级环境管理部门的组织调整与机构建设，推进了国内环境治理的发展。国合会自 1992 年成立以来，参与了中国历次环境管理的政策出台与机构调整，对于中国环境管理能力建设起到了至关重要的知识塑造作用。

结语：随着国际环境领域的利益调整和中国国内经济与发展的战略转型，冷战后中国环境外交进入了战略转型的关键阶段，在与国际、国内环境的互动影响下，面临着参与角色由融入者向建构者、话语方式由被动向主动、主要动力由外生向内生、外交地位由边缘向主流的战略转变，在指导思想、理论研究、组织体系、基本格局、社会参与等方面取得了实质性的发展，塑造了中国环境外交的基本框架，同时也促进了国际环境机制的发展和国内环境治理体系的塑造，使中国环境外交具备了与世界对话的能力——冷战后中国环境外交已经具备了实现战略转型的前提和资格。

第二章

冷战后中国环境外交的制约因素

本书在第一章通过对中国环境外交历史的回顾和梳理，归纳出冷战后中国环境外交已经取得了实质性的发展，具备了实现战略转型的基本资格；接下来本章将采取层次分析的方法，从国际、国内及自身三个层面，进一步分析和反思冷战后中国环境外交的制约因素。

第一节　冷战后中国环境外交在国际领域中的局限

冷战后中国环境外交在国际领域中的局限主要体现为：现有的国际环境机制限制了发展中国家的话语能力，不利于我国在国际环境领域中进一步实现国家的环境利益诉求；同时由于我国的经济实力、国际地位的上升，发达国家主导的国际舆论要求加重中国的国际责任，对我国的环境外交提出了新的要求，产生了新的国际舆论限制；“绿色壁垒”问题，限制了我国的对外贸易，影响了中国跨国公司走向世界，需要通过开展环境外交为我国的对外贸易提供保障；“中国环境威胁论”、“中国环境崩溃论”等的存在，以及周边地区存在的环境争议，影响了中国在国际领域的国家形象，干扰了中国经济与社会的进一步发展，需要中国通过开展环境外交，将中国构建和谐世界的基本理念，宣传推介给世界，增进彼此的了解和信任，妥善化解矛盾和纠纷，积极促进合作与共赢，推动中国在国际环境领域中树立负责任的大国形象，发挥更加积极的建设性的作用。

一、现有国际环境机制制约中国在国际环境领域的话语能力

冷战后国际环境领域利益格局的重新调整，形成了国际环境外交南北方国家利益博弈、主要环境大国竞争中求合作的基本利益格局。西方发达国家为巩固其在全球绿色经济竞争中的先发优势和领先地位，推进了国际环境机制的规范化、法律化，通过对国际环境机制话语权的操控，加强了对国际环境领域的控制，尤其是对议程设置问题的控制。

现有的国际环境机制主要是建立在西方发达国家的环境治理经验基础上的，是立足于西方发达国家的经济社会发展模式，在欧美国家20 世纪70 年代以来的环境运动和环境思潮的基础上建构起来的。西方发达国家在工业化、城市化进程中起步较早，冷战后已经基本完成了对国内公害问题的治理，在环境治理、环境科技、环境法律、环境外交的理论研究和实践能力等方面，积累了丰富的经验和深厚的底蕴，对于国际环境机制的规则和程序更为熟悉，掌控着国际环境机制的议程设置和话语体系，在现有的国际环境机制的规则制定、机构组织中占据着主导地位。相比之下，正处于工业化、城市化进程中的发展中国家，无论在国家实力、国际地位、环境治理能力、对于国际环境机制的熟悉程度、对于国际环境谈判的议程设置能力，都远远落后于西方发达国家。虽然中国、印度等发展中国家的综合国力、整体实力、国际地位在不断提高，但在现有国际环境机制的话语体系中，对于议程的影响能力和话语的建构能力还是非常有限，与其不断提高的经济实力不相适应。因此，现有的国际环境机制，虽然在形式上是以联合国为主导，但在联合国主导的背后，实际还是以西方发达国家尤其是欧美国家为主导力量，体现的是代表西方利益、主要是欧美利益的环境保护思维，发展中国家在国际环境机制形成和运行过程中的话语权、活动空间和活动能力受到了严重的限制。

现有国际机制从整体上看，还是属于“欧洲文明国家”设计世界体系的整体思路中的一个侧面，欧美发达国家操控现有国际机制来左右世界权力和利益分配的全局，实现、维护、扩张其国家利益。即使发展中国家在国际环境机制的形成中，取得了暂时的、阶段性的、局部的胜利，发达国家也可以通过其对国际机制的整体控制，实现对局部利益损失的修复和救济，从而继续对发展中国家进行控制和掠夺。比如：发达国家可以根据国际环境公约，为中国提供资金技术援助，但是同样也可以以国内较高的环境标准作为“绿色壁垒”，利用 WTO 规则的规定阻碍中国产品进入本国市场，从而迫使中国提高国内环境标准，间接提高中国出口产品的成本，降低中国产品相对于本国产品的竞争力。

由于在国际环境机制及与其相关的国际机制中缺乏足够的话语权和控制权，以中国为代表的发展中国家在国际环境领域谈判中，往往从一开始就已经处于了被动和劣势的地位，只能在西方发达国家的国际机制布局中争取到相对有限的国际空间，但对于整体格局的改变，往往表现出实力不强、经验不足、能力不够的问题。以中国为代表的发展中国家在开展环境外交、进行现代意义的环境治理之初，由于缺乏资金、技术、治理经验和本身所承担的沉重的历史负担，通常是采取学习和融入国际环境机制的方式，必须经历国际化与本土化碰撞融合的过程。如何在现有国际环境机制束缚和强势的西方模式夹缝中发现符合自身历史文化的发展道路，避免重复西方“先污染后治理”的老路，防止被欧美国家环境话语和环境利益的扩张行为所绑架；如何建构和输出自身的话语体系和发展模式，将是这些国家与现有国际环境机制对话过程中必须要面临的一个难题。

综上，对于现有国际环境机制的研究能力、话语能力、操控能力有限，严重阻碍了中国环境外交进一步实现在国际环境领域中发挥建设性作用、取得主导型地位的战略目标。中国环境外交要想走向世界、引领世界，其重点不在于中国加入了多少公约，而在于中国在主要国际环境公约乃至整个国际环境机制的制定过程中，主导了哪些重要的议程、发挥了什么程度的作用。因此，在中国环境外交的未来发展中，应该将国际环境机制作为切入点，加强对国际规则的研究、运行和话语能力的建设，主导东亚地区环境安全共同体机制的建构，推动提高发展中国家在国际环境机制中的发言权，逐步影响国际环境领域中利益格局的调整，扩大和实现以中国为代表的广大发展中国家在国际环境领域的利益诉求，建构公正合理的国际环境治理新秩序。

二、“中国环境责任论”加重中国环境外交的压力和负担

在世界金融危机之后，继“中国威胁论”、“中国崩溃论”之后，西方媒体又抛出了“中国责任论”。“中国责任论”主要是指“中国经济责任论”，其主要主张有：一方面将中国定位为世界经济举足轻重的力量；另一方面却将中国描绘成世界经济失衡的“罪魁祸首”，否认中国在促进世界经济复苏中的积极作用，甚至将全球资源供应紧张都归为中国因素；大肆宣扬中国是“世界第一大能源消费国”、“中国成为世界第二大经济体”，而完全忽视了中国的人口压力、历史背景和发展阶段的基本事实；在国际舆论宣传中，针对中国国内国际问题进行选择性、倾向性的报道，评价中国是“未富先衰、未富先坏、未富先老、未富先脏”，歪曲中国在发展问题上是“脆弱的大国”。这些论调表明西方发达国家已经意识并关注到了中国的崛起和快速发展，试图通过国际舆论的力量，诱导国际社会对中国在国际机制中的身份进行重新界定，迫使中国承担超出其发展中国家身份的更多的国际责任和道义压力，进而延缓中国的发展速度，降低中国的国际竞争力。

具体到国际环境领域，“中国环境责任论”主要体现在：在世界气候变化谈判过程中，以欧盟和美国为代表的西方发达国家，刻意模糊中国的发展中国家身份，宣称中国的经济实力已经上升，不能再算作发展中国家，应该承担更高的节能减排责任，并拒绝中国再享受发展中国家待遇，接受技术转让和资金援助。从世界气候变化问题谈判的历史来看，对于发展中国家最为关心的环保技术转让和资金支持问题，发达国家一直不愿作出承诺；发达国家试图通过各种途径向发展中国家转嫁责任，使发展中国家承担具体的减排指标。而“中国环境责任论”是其在“中国威胁论”、“中国崩溃论”之后抛出的又一向中国转移节能减排责任的舆论工具。

“中国环境责任论”在国际环境领域里对中国环境外交的局限和压制，要比“中国环境威胁论”、“中国环境崩溃论”大得多，因为其更易于得到国际社会的认同和支持。因为中国的快速发展所创造的经济奇迹，已经在世界范围内得到了认同，所以许多国家和国际舆论都想当然地认为：中国既然消耗了更多的资源和能源，那么中国就应该承担更多的国际责任，这样才更合情合理，也更符合中国的大国身份和地位。这一论断在讨论中国的环境责任承担问题时，只谈现实责任不谈历史责任，割裂了环境责任的历史与现实之间的联系；只谈总体能耗不谈平均能耗，漠视中国作为人口大国、资源贫国的基本事实；孤立的评价中国的环境问题，试图依照自己的意愿决定中国应当承担的环境责任，复制自己的发展道路，左右中国未来的发展走向。

中国在开展环境外交过程中，如果对于这些问题不加理性分析，不考虑自身的历史发展和基本国情，高估自己的发展实力，过分地张扬大国责任，不能够客观审慎地选择承担与自己的发展阶段、基本国情和整体实力相适应的、共同的、有区别的责任，就会使中国外交工作囿于西方的思维轨迹，而丧失了自己的基本原则和立场，从而无法有效维护自身的环境与发展利益。

以承担节能减排的国际责任为例：在环境外交领域，提高节能减排的国家承诺，就意味着中国在国内环境治理中要加大对清洁能源的开发、对落后产能产业的淘汰、对于工业城市农村环境问题的综合治理和整体投入，这不但是对我国现有国内环境治理能力的挑战，也是对我国未来经济、社会发展的加负，同时也为中国环境外交设定了更多、更高、更难的工作任务，需要环境外交在环境资金技术方面，做出更多的工作和更大的努力，争取更多的国际合作项目，提高我国履行节能减排国家承诺的能力。例如：2007 年中国制定的《节能减排综合性工作方案》，明确规定了“要把节能减排作为调整经济结构、转变增长方式的突破口和重要抓手，作为宏观调控的重要目标”，紧接着就对环境外交提出了具体要求，即“要广泛开展节能减排国际科技合作，与有关国际组织和国家建立节能环保合作机制，积极引进国外先进节能环保技术和管理经验，不断拓宽节能环保国际合作的领域和范围”。[1]可见，中国节能减排国际责任的上升，必然要为中国环境外交带来的新的任务和压力，意味着必须通过开展更加有效的环境外交工作，在国际环境领域破解“中国环境责任论”等诸多的舆论限制，为中国国内环境治理争取更多的国际援助与国际合作。

三、“中国环境威胁论”设置舆论和道德障碍

“中国环境威胁论”，是“中国威胁论”在国际环境领域的具体演绎，在美国、日本、俄罗斯、印度都有一定的市场。“中国环境威胁论”具体内容主要包括：“中国能源威胁论”、“中国资源威胁论”、“中国气候威胁论”、“中国水威胁论”等。其实质是被政治话语放大了的对中国环境问题的忧虑。

1994年9月，美国世界观察研究所所长莱斯特·布朗（Lester Brown）在美国《世界观察》上发表了《谁来养活中国——来自一个小行星的醒世报告》提出中国未来粮食生产过程中所涉及的水资源、土地、能源、大气等问题，将对全球环境产生重要影响。20世纪90年代中期，克林顿总统会见江泽民时说，“美国认为中国对美国最大的威胁不是在军事上，而是在环境问题上”。[2] 从美国高层首脑的角度，直接提出了“中国环境威胁论”。英国、日本、俄罗斯、印度等国家的政界、学界和媒体

---

〔1〕“中国政府明确2010年节能减排目标和要求”，载中央人民政府门户网站，http://www.gov.cn/zwhd/2007-06/03/content_634679.htm.

〔2〕姜文来：“积极应对‘中国环境威胁论’”，载人民网，http://env.people.com.cn/GB/8220/50290/4376561.html.

也从不同角度进行了附和，并针对中国在工业化、城市化发展过程中的具体环境问题，不断强化“中国环境威胁论”的论调。

针对中国与非洲国家的能源合作，西方媒体提出中国对非洲的“新殖民主义”、生态资源掠夺、非洲的“中国威胁论”；2009 年国际能源机构发布报告，称中国已经成为世界第一能源消耗大国，为“中国能源威胁论”提供了具体依据；西方媒体针对中国的空气污染和化石能源使用问题，大肆宣扬中国即将成为继美国之后的世界第一号排放大国，提出了“中国气候威胁论”，要求中国在国际气候变化问题中，承担强制性减排义务，甚至质疑中国的发展中国家身份，要求取消中国获得资金和技术援助的资格；针对中国的人口问题和中国在经济快速发展中的资源消耗问题，认为中国消耗了大量的资源，已经对全球的环境资源产生了影响，进一步强化“中国资源威胁论”；针对中国的跨界环境污染事件和区域环境资源开发大做文章，如针对中俄松花江水污染事件、大湄公河次区域环境开发项目，渲染“中国水威胁论”；针对中国的酸雨和沙尘暴问题，夸大渲染中国对于中日韩区域环境治理带来的不利影响，甚至将中国国内环境问题上升到人权和主权的高度，对中国国内环境治理进行粗暴干涉。值得注意的是，西方发达国家所谓的“环境威胁论”中，在描述和评价历史上西方发达国家对发展中国家近似于毁灭性的资源掠夺、近几年发生的蔓延欧洲的火山灰事件、美国墨西哥湾石油泄漏事件、日本最近的核泄漏事件以及向发展中国家转移高污染企业等时，却从未使用过环境殖民主义、环境危机、环境威胁等字眼。

“中国环境威胁论”实质上是西方发达国家立足于西方利益、西方思维，对于环境问题采取双重标准，在西方视野中放大了中国环境问题的影响，对中国经济发展在国际环境领域中进行的道德和舆论限制。中国就其发展过程来看，作为正在经历工业化的新兴市场国家和发展中国家，中国要承受西方几百年工业化和现有过度消费生活模式所累积的环境后果，还要承受西方发达国家的资源掠夺和环境风险转移，本身又处于西方世界曾经经历过的公害高发期，因此，在不公正不合理的国际分工体系中，中国的环境治理承担着历史和现实的双重压力。

将西方对于其历史上的“八大公害”事件和中国现有的环境问题所持的态度相对比：对于“八大公害”事件，西方的态度更多体现为提出环境治理、环境外交，呼吁通过全人类通力合作，共同维护地球家园；而针对冷战后中国经济发展中出现的环境问题，西方部分政界、学界、媒体人士的态度，却是提出“中国环境威胁论”，主张对中国进行环境遏制，通过环境问题限制中国的进一步发展，而完全忽视了中国环境治理在国际环境领域历史不利、地理不利、发展不利的现实困难，给中国环境外交在国际环境领域乃至整个国际社会中设置了舆论和道德障碍。

冷战后，中国环境外交除了要完成融入国际环境机制、为国内环境治理在国际合作中争取资金技术支持的任务，使中国环境治理追赶上全球环境治理的步伐，同时还要投放很大一部分时间和精力，用于消除“中国环境威胁论”、“中国崩溃论”、“中国责任论”等歪曲言论对于中国国际形象的不良影响，从而在国际环境领域维护中国的声誉和地位，为中国环境治理营造良好的国际空间。

随着中国国内经济与发展的战略转型，中国企业积极发展海外投资战略。2010 年世界 500 强企业，中国 54 家跨国公司入选，3 家跨国公司入选前十。随着中国跨国公司经济实力的壮大，以及其海外投资行为的拓展，中国海外企业的环境行为将会引起国际领域的广泛关注，甚至成为了西方制造“中国环境威胁论”的新话题。因此，中国环境外交在与“中国环境威胁论”的舆论博弈中，不仅要维护国家的环境利益和中国负责任的大国形象；还肩负着在国际环境领域为中国企业海外投资行为扫清障碍，营造良好的投资环境，从环境外交的角度推动中国企业走向世界的历史任务。针对中国海外企业的环境行为引发的“中国环境威胁论”，使中国环境外交所肩负的任务更为沉重和复杂。

四、“绿色壁垒”问题提高中国环境外交的成本和风险

“绿色壁垒”问题，具体到中国的外交实践，就是利用经济、贸易与环境保护之间的相互矛盾，在国际环境机制中对中国经济发展设置的障碍问题。“绿色壁垒”问题最早源起于发达国家，在国内最初是被用于预防国际贸易中环境风险的救济措施；但随着对外贸易的发展，逐渐被推演成降低外国进口产品竞争力的贸易限制措施。“绿色壁垒”问题，主要是对发展中国家对外贸易的限制。因为发展中国家的国内环境治理能力从整体上低于西方发达国家，因而其国内环境标准往往低于西方发达国家的环境标准；同时发展中国家对于国际环境机制、国际贸易机制缺乏足够的熟悉程度和操作能力。因此，西方发达国家往往利用其在国际环境机制中的有利地位以及在全球环境治理中的先发优势，一方面利用发展中国家较低的国内环境标准和急于引进外资发展本国经济的心态，向发展中国家进行资源掠夺、转嫁污染企业和排放风险；另一方面利用生态关税、绿色补贴等手段，以消除生态倾销为理由，提高发展中国家出口产品的环境成本，从而降低发展中国家产品相对于本国产品的竞争力，变相提高了发展中国家在国际贸易领域的交易成本和交易风险。

具体到中国的外交实践，冷战后中国在引进外资、取得经济快速增长的同时，遭受到了西方国家残酷的生态掠夺。西方国家利用资金优势，从我国掠夺了大量的廉价资源。以稀土为例，中国稀土储量占全球30%左右，已经向全球提供了80%至90%的稀土生产量和贸易量。[1] 稀土是对于国家发展极具战略意义的资源，西方发达国家都非常重视本国稀土资源的保护，限制本国稀土资源的出口，将其用作战略性储备，而从发展中国家进口廉价稀土，用于本国经济与军事的发展消耗。例如：2009年，美国一方面在国内封存本国最大的稀土矿——芒廷帕斯矿，另一方面向WTO提交了对中国限制稀土等九种原材料出口的诉讼请求，[2] 利用WTO规则向中国施加压力，对中国的资源进行赤裸裸的生态掠夺。

同时，西方发达国家利用中国改革开放初期环境政策和立法的漏洞，向中国转移了大量高排放、高能耗、高污染的产业，把中国变成了“世界工厂”、“污染天堂”，实行对中国的污染倾销，严重地破坏了中国的生态环境，威胁到了我国居民的生命安全。作为中国最早实行对外开放的地域，珠三角地区环境污染问题非常严重。广东省环保局发布的2007年环境质量状况公报表明，珠三角地区空气质量呈下降趋势，全年有11个城市出现过污染天气。另外城市酸雨污染依然严重，广州、韶关、深圳、珠海、佛山等9个城市属重酸雨区。去年广州酸雨频率逾八成，酸度为全省之最酸。日本在积极保护本国森林资源的

---

〔1〕孙韶华、胡嘉男：“WTO初裁中国限制原材料出口违规　下一个可能锁定稀土”，载《经济参考报》2011年2月23日。

〔2〕孙韶华、胡嘉男：“WTO初裁中国限制原材料出口违规　下一个可能锁定稀土”，载《经济参考报》2011年2月23日。

同时，向中国大量进口廉价的一次性木筷子，妨碍中国的森林资源养护工作。中国环境与发展国际合作委员会日前发布的《中国经济发展的外部环境影响——国际法分析》报告指出：中国已经成为全世界最大的电子垃圾倾倒场，全世界约有80%的电子垃圾进入中国。中国电子垃圾集散处理地有广东贵屿镇、龙塘镇、大沥镇、浙江台州地区、河北黄骅市、湖南、江西等地，尤以广东和浙江最为严重。电子垃圾对环境的危害极为严重，不但污染环境，而且其中的有毒成分会直接威胁人的生命健康。虽然美国、英国和日本等西方发达国家国内也具有处理电子垃圾的能力和技术，但是由于其国内处理电子垃圾的费用远远高于中国，因此，这些国家为了降低生产中的环境成本，利用了国际环境机制和中国环境法规政策的漏洞，将电子垃圾运到中国境内实行污染倾销，给中国国内环境治理增添了新的污染负担。

“绿色壁垒”问题究其本质而言，就是西方发达国家利用所掌控的国际环境治理资源、尤其是对于国际环境机制的影响和操控能力，对发展中国家实行的生态环境领域的霸权主义和强权政治。以美国为例，美国一方面利用“绿色壁垒”提高中国出口产品的环境成本，并提起WTO诉讼以便保持其廉价掠夺中国稀土资源的合法优势；另一方面又利用自己拒不加入《巴塞尔公约》的便利，向中国大肆运送电子垃圾，甚至允许其他国家在美国转运，向中国输出电子垃圾，加重中国国内的环境污染；除此之外，美国从国际舆论和国际道义角度肆意扩大中国的负面影响，意图将更多节能减排的压力转嫁给中国，而自己却在国际环境领域中出尔反尔，拒绝为国际气候变化作出实质性的承诺和贡献。

因此，冷战后“绿色壁垒”问题的存在，虽然不能排除其在一定程度上具有维护全球环境的积极意义，但就其根本实质而言，是西方发达国家在国际环境领域为维护其利益所设置的游戏规则。西方发达国家将国际环境机制作为主要工具，来维护其在国际环境领域中的优势地位，对发展中国家的经济与社会发展施加重重限制和障碍。因此，在中国环境外交的能力建设中必须加紧提高对于国际环境机制的运用能力以及应对“绿色壁垒”的风险防御能力的建设，以突破“绿色壁垒”的障碍和限制，积极团结广大发展中国家力量，构建公正合理的国际环境领域新秩序，维护中国和广大发展中国家的生态资源和环境利益。

第二节　冷战后中国环境外交的国内制约因素

冷战后中国经济与发展的战略转型，使环境治理在中国内政中的地位明显上升，对环境外交提出了更高的要求。同时，由于国内环境形势日趋严峻，国内环境治理能力有限，使中国在国际环境领域针对具体问题谈判时缺乏底气，说服力不强。环境外交在国内外交领域中，虽然具有了指导思想，但涉及中国环境外交的政策规定不系统、不明确、不具体，缺乏进一步的战略规划。对于环境外交的资金、技术、研究投入不足，组织部门分散、缺乏总体统筹，限制了冷战后中国环境外交的进一步发展和成熟壮大。

一、国内环境治理的滞后导致中国与世界环境外交发展“同期不同步”

反思中国国内环境治理的发展，由于中国国内环境治理起步时间较晚，治理能力有限，从整体上滞后于全球环境治理的发展，因此中国环境外交发展初期的首要任务在于构建国内环境治理的基本框架，实现国内环境治理与全球环境治理的顺利接轨。冷战后中国环境外交的首要任务，也仅限于为实现中国经济与社会发展的战略转型提供有效的资金技术服务和有利的国际环境支持，而对于实现中国环境外交的自我完善以及在国际国内环境领域的战略提升，则缺乏明确具体的国内政策措施和系统可行的外交战略方案。因此，国内环境治理的现实状况和治理能力，尚不足以推动中国环境外交在国际环境领域中取得进一步发展，限制了中国环境外交推进国内环境治理成果、实现自身发展壮大的能力。

首先，从发展时间上看，中国国内环境治理滞后于中国环境外交和全球环境治理的发展。中国环境外交在发展时间上是与世界环境外交共同起步的，源起于 1972 年的联合国人类环境大会。全球环境治理和国际环境外交究其根源，是基于西方国家对于工业化高度发展、市场经济全球蔓延所产生的人与自然之间激烈冲突的系统反思，目的在于解决人类经济技术高度发展催生的人类对于自然界过度需求与自然界提供资源能力有限性之间的矛盾，弥补在应对全球环境问题时出现的市场失灵和政府失灵问题，试图通过国际组织、各国政府、公民社会的力量联合，采取多角度合作的方式来解决人类共同面临的环境危机。

与西方发达国家相对比，中国的工业化发展和市场经济起步较晚，在西方发达国家开始进行国内环境治理的时候，中国国内还不具备成熟的市场经济体制、严格意义上的环境非政府组织以及现代意义的环境治理知识结构，在环境治理方面必须经历一个向外部世界学习、填补环境治理体系空白的补课过程。在冷战后三十多年的中国国内环境治理过程中，中国一方面在构建国内环境治理所必需的理念、法律、知识、社会参与等基本框架，追赶全球环境治理的步伐；另一方面进行着对于国内工业化、城市化快速发展和历史积累所导致的严峻环境问题的全面治理，在实现自我生存与发展的同时，承担着世界上最大的发展中国家参与全球环境治理的国际责任。因此与西方发达国家中的环境大国不同，中国国内环境治理基本框架的建构，在很大程度上要借助中国环境外交的开展。中国国内环境治理从整体上看，起步晚、基础差、压力大，对于中国环境外交的发展没有起到有效的推动作用。

其次，从治理能力来看，中国在国内环境治理的基本经验、研究能力、社会参与以及治理能力方面与西方发达国家无法比拟：德国、美国、日本等西方发达国家的国内环境治理，是建立在成熟的市场机制、广泛的社会参与、普遍的环境意识、明确的政策导向等基础上的。冷战后，这些国家已经具有了相对稳定的国内治理结构和相对明确的环境外交目标，其国内环境治理有力地推动了环境外交向国际环境领域的拓展；德国、美国、日本等国家的国内治理在冷战后已经发展到综合预防、整体治理和多元治理阶段，这些国家已经基本完成了对国内环境的治理，开始从国内环境治理的成果中获益，对外积极输出环境技术、环境产品和环境管理经验，并以国内环境治理的成果由内向外推动环境外交的开展，积极抢占在国际环境机制中的话语权、在国际环境领域中的主导权以及在未来国际经济竞争中的制高点。

反观我国国内环境治理的现状，冷战后我国国内环境治理在国家政策层面上取得了突破，国内政策逐渐对国内环境治理提起重视，并落到实处：首先提出经济发展与环境保护关系的“三个转变”，然后将环境保护上升到民生问题的高度，明确提出要打好环境保护的攻坚战和持久战，在此基础上进一步提出生态文明建设的理论体系，要求将生态文明建设贯穿于经济建设、政治建设、文化建设和社会建设的各方面和全过程，突出了生态文明建设在中国经济社会发展转型中的突出地位，将发展绿色经济、实现绿色转型作为党和政府的重点关切，至此，我国内政对于国内环境治理的重视达到了历史最高点；从中央到地方落实了一整套的制度保障、组织机构保障和社会参与保障，环境治理的成果有史以来第一次列入了地方官员的政绩考核项目，从而更有利于防止在地方经济发展中片面重视经济利益而忽视环境保护，以及在应对突发性环境问题时敷衍塞责与互相推诿。

虽然我国政府对于加强环境治理、进行生态文明建设表达出了强烈的决心，但是对于我国国内环境治理整体的水平和能力必须保持清醒的认识。在国内环境治理的实践领域中，我国的国内环境治理能力与全球环境治理的要求还存在着很大的差距：作为一个正处于工业化赶超阶段的发展中国家，我国国内环境保护在资金、技术、专业人才力量，尤其在观念和社会参与上存在着先天不足，在解决国内环境问题、参与全球性环境治理的过程中，必须依靠开展环境外交来取得国际合作和外部支持；我国国内环境治理目前还处于由应急性治理向预防性治理转变、由局部治理向整体治理转变、由政府管理向多元治理转变的过程；我国在全球环境治理中属于后发的发展中国家，还处于国内治理的进行阶段，对外输出环境治理成果的能力尚有所欠缺，环境治理的理想与现实之间的落差常常使中国环境外交处于尴尬的地位，在一定程度上降低了环境治理的公信力和环境外交的底气。因此，我国的国内环境治理需要环境外交为其提供支持与保障，国内环境治理对于环境外交的推动作用更多的体现为压力而非动力；同时国内环境问题的严峻性、紧迫性和频发性以及国内环境治理能力的欠缺，也使得中国环境外交在国际环境领域的具体谈判中表现出底气不足、说服力不强的问题，从而影响了中国环境外交在国际环境领域的战略拓展。

二、国内政策保障不足限制环境外交在中国外交格局中的地位提升

中国经济与社会发展的战略转型以及环境治理在中国内政中的地位提升，对中国环境外交提出了在国际环境领域中发挥建设性作用的要求。这就意味着中国环境外交在未来发展中承担着维护国内环境治理、推动区域环境治理、促进全球环境治理的三重压力。在这三种压力之下，中国环境外交想要在国际环境机制中发挥建设性作用，需要哪些准备、哪些保障、哪些途径和哪些战略，我国目前的国内政策还无法对此一一作出有效解答。

中国对于环境外交的具体政策主要体现在《全国环境保护国际合作工作（1999～2002）纲要》中，其对于我国环境外交的地位和作用作出了规定，具体为：在角色定位上，将环境外交的定位局限于国内环境治理的附属地位，提出在环境外交工作中要保证环保能力建设的优先地位，推动国内环境保护工作的有效开展，而没有体现出环境外交的主体地位及其在中国外交转型中的独立角色；在整体思路上，局限于对环境外交的框架设计，而未涉及中国环境外交的发展前景，认为环境外交工作的主要内容在于开拓双边、多边环境外交的基本框架，加强人才培训、队伍建设、研究能力、信息储备，等等；对于环境外交的规定，更多倾向于国内视角，而没有将国内视角与国际视野有机地结合起来，进行前瞻性的制度设计和系统性的战略

构建。

总之，《全国环境保护国际合作工作（1999～2002）纲要》，不仅在时间上已经严重滞后于中国环境外交的发展，无法涵盖当前中国环境治理中的新问题、新变化，而且对于环境外交工作应该如何根据中国生态文明建设的整体布局及时地作出相应的调整，缺乏有效的战略预见和明确的政策指引，对于如何应对信息化时代对于环境外交工作提出的挑战、如何针对新兴市场国家和发展中国家群体性崛起的趋势调整环境外交战略，缺乏有效的应对。《全国环境保护国际合作工作（1999～2002）纲要》已经无法适应中国环境外交实现进一步发展的需要。

《"十二五"环境保护国际合作工作纲要》，主要规划了2011年至2015年期间中国环境保护国际合作的重点任务和主要工作，从基本理念和整体思路上并没有超越《全国环境保护国际合作工作（1999～2002）纲要》，在基本概念上了还是延续了环境保护国际合作的提法，将环境外交工作定位于国家政治外交大局和环保中心工作的服务性工作，提出要将环境外交工作积极融入国内环保中心工作中。这一思路虽然加强了环境外交与国内环境保护的联系和互动，但并没有详细规划环境公共治理结构中国内环境治理与环境外交之间的互动互融关系，也没有明确体现出环境外交工作的外交属性和独立地位，更没体现出环境外交工作适应生态文明建设和中国特色大国外交战略所作出的战略调整。在这一思路中，虽突出了环境外交在环境治理中的地位，但弱化了环境外交在外交布局中的定位；过分强调了环境治理中的本土因素，而忽视了环境治理的国际因素；在强势推动国内环境治理发展的同时，将环境外交工作简化为环境保护国际合作，使环境外交工作在整个环境治理体系中处于相对弱化、模糊化的地位，这将会造成已取得的环境外交资源和环境外交地位的浪费，会影响到中国环境治理的整体平衡和全局发展。

因此，虽然生态文明建设和中国特色大国外交战略为环境外交工作提供了新的机遇，中国环境外交工作也取得了实质性发展、具备了实现战略转型的基本资格，但是中国环境外交政策从整体上看，还不能有效地落实生态文明建设和中国特色大国外交战略提出的目标，具体体现为：涉及环境外交的政策规定不系统、不明确、不具体；环境外交政策在具体落实上，缺乏有效的组织保障、理论保障和资金技术保障。我国现有的国家政策限制了环境外交的国际拓展能力。

首先，我国目前国内政策中还没有形成明确系统的环境外交发展战略。在环境外交政策体系中，除《全国环境保护国际合作工作（1999～2002）纲要》、《“十二五”环境保护国际合作工作纲要》外，环境外交的有关政策还散见于国家领导人在外交场合的公开讲话中，多体现为环境外交的基本理念，以及就环境领域的某一问题所进行的外交承诺。环境外交的政策之间缺乏有效的整合，没有适应环境外交的发展，进一步提出系统的战略规划。具体体现在：在我国目前的环境外交中，缺乏有重点、分层次的问题管理模式，在环境外交政策中缺乏有效的沟通机制和危机管理模式；对于冷战后环境外交的整体设计，缺乏长效机制和全局意识，没有厘清中国环境外交在国际环境领域、国内环境治理、中国外交格局等不同结构层次中的不同角色、不同任务、不同侧重，没有体现出中国环境外交所维护的国家利益与人类共同利益、人类短期利益与长远利益、当代利益与永续利益的和谐共赢关系，没有系统地规范环境外交的基本观念、基本理论、社会参与、具体制度、组织基础，从而局限了环境外交的全面、广泛和深入的发展。

其次，在中国环境外交的具体政策中，对于环境外交组织保障和部门分工问题缺乏统筹性的规定。目前中国环境外交在组织机构的职能分工上，主要由外交部和环境保护部负责，但涉及具体问题的谈判，牵涉部门较多。如在国际气候变化问题的谈判中，要涉及外交部、国家发改委、环境保护部、国家气象总局、水利部、林业部、商务部、农业部，等等，对于如何协调这些部门关系，目前还没有统一的上级机构和明确的政策指引，仅限于针对具体领域的临时性、应急性的办法，缺乏稳定性、持久性的政策路径参考，在不同部门关于环境外交的政策规定中缺乏有效的整合。

再次，我国目前的环境外交理论研究缺乏有效的政策激励。在环境外交的基本概念上，国内经常出现环境外交与环境国际合作、环境外事活动的概念混淆，对于环境外交没有一个明确的提法，在中国外交部主站的搜索结果上，无法找到带有环境外交字样的新闻，在中国外交部的相关网站群上，只能搜索到13条带有环境外交字样的新闻，[1] 因此中国环境外交在基本概念上还没有得到明确和统一，在中国外交工作中的合法性地位还需要进一步得到明确和提升。在环境外交的理论保障上，主要是通过官方研究，如环境保护部的相关政策研究中心以及政府智囊，如国合会等，为环境外交决策提供理论支持，而对于大学、科研院所的环境外交研究重视不足、引导不足、建设不足，在官方研究力量和民间研究力量之间缺乏长效沟通机制和系统的整合措施，从而导致环境外交在具体对策、理论研究、人才培养方面的后劲不足，无法像中国经济发展一样在国际上

---

〔1〕 根据外交部网站数据统计整理，见 http：//www. fmprc. gov. cn/wjb/search. jsp.

提出建设性的中国模式，并对其进行专业性的解读，从而限制了中国环境外交的上升空间。

最后，我国目前的环境外交国内资金技术保障相对不足。从环境外交的国内保障来看，从“十一五”规划到“十二五”规划，从《全国环境保护国际合作工作（1999～2002）纲要》、《“十二五”环境保护国际合作工作纲要》到中国环境保护部、中国外交部的年度计划，对于环境外交的资金和技术保障问题的规定非常有限，国内政策更倾向于加强国内环境治理的资金和技术保障，但同时在现有情况下国内环境治理的资金和技术保障很大程度上要取决于环境外交的工作成效，因此环境外交是在自身资金、技术保障不足的前提下，为国内环境治理在国际环境领域争取资金援助和技术支持，这种模式限制了中国环境外交的进一步发展。

尤其值得注意的是，在提出系统的生态文明建设理论体系后，环境治理在我国政治中获得了前有未有的政治关注与社会关注，但是关注的角度主要集中在了国内环境治理方面，而对于环境外交未来发展的政策关注与社会关注非常有限。造成这种现象的原因，一方面，是由于近几年国内生态环境问题急剧恶化，直接威胁到经济社会的发展与人民的生命安全，治理国内的环境问题成为维护中国发展与稳定的当务之急；另一方面，在中国环境治理体系的设计中，对于国内环境治理与环境外交工作各自的定位和相互之间的关系界定得比较模糊，主要的环境外交工作通过环境保护部来开展，而环境保护部承担的国内环境治理的压力不断加大必然要影响到对于环境外交的政策投入与精力投入，因此，国内环境治理在政策上强势发展的同时，也不可避免地面对出现了在环境治理问题上的急功近利的倾向，即只重视解决现实问题而忽视长远问题、只重视解决国内问题而忽视国际问题、只重视解决突发问题而忽视潜在问题，将环境治理的视野局限于国内问题，政策性地割裂环境治理体系的整体性。这种做法将会导致在未来中国环境治理体系中，出现强国内环境治理、弱环境外交的现象，导致中国环境治理体系的发展不平衡，出现头重脚轻的现象。

有效的国内环境治理固然是一国环境治理的根本，但是就环境治理整体而然，国内环境治理与环境外交是整个体系中不可割裂的两个环节，国内环境治理与环境外交既各自独立、又紧密相连，任何一方的弱化都会导致环境治理整体发展的不平衡，最终影响到对方的发展，乃至整个环境治理体系的退化。这既是基于环境治理对象本身的特性（生态环境的系统性），也是基于环境治理本身的矛盾（环境治理中生态环境的系统性与人类政治的分裂性之间的矛盾）。

因此，中国提出系统的生态文明建设体系，这是中国环境治理发展的一个历史性的飞跃，但是，在强化国内环境治理体系的同时，如果在政策上忽视对于中国环境外交的投入，不仅会制约中国环境外交在国际环境领域、中国外交战略中把握历史发展契机、实现自身突破的能力，而且会导致环境外交无法为强势发展的国内环境治理提供进一步的外部支撑，无法在国际环境领域完成对于中国环境治理的特色、模式和道路的塑造，从而拉低中国环境治理发展的整体水平。

第三节　中国环境外交自身存在的局限

中国环境外交虽然在时间上与世界同期发展，是世界环境领域中最早参与环境外交的国家之一，但是中国环境外交并没有实现所谓的先发优势：就其国际影响能力来看，中国虽然在国际环境外交领域取得了发展中环境大国的地位，以及发展中国家意见领袖的声望，但是在整个国际环境领域中，中国环境外交的影响还没有突破发展中国家的范围，取得国际环境领域全局性的主导地位。中国与世界环境外交的发展存在着“同期不同步”的问题，即在发展历程上处于同一时期，但是在发展进程上处于不同阶段，中国环境治理要同时解决贫困与环境问题，面对的生态环境问题更为复杂和严峻，环境治理的外在约束趋紧，环境治理的整体难度大于欧美发达国家，环境治理的能力滞后于欧美发达国家。

中国在国际环境领域地位的上升，是基于中国经济实力的上升、国际地位的整体上升以及国内环境问题的严重性可能给全球环境治理带来的影响，而不是中国环境外交本身建设性作用的发挥。可以说，中国环境外交在现有国际环境机制中还处于由融入参与到建设推进的转变过程，虽然国际环境领域利益格局的调整和国内环境治理地位的提升，为其提供了从边缘到主流地位的上升机会和空间，但是就其本身而言，还存在着历史不利、地理不利和发展不足的问题，还需要一个知识建构和战略调整的过程，才能实现自身角色的转换与突破。

一、中国环境外交发展的先天缺陷

（一）历史不利因素

中国环境外交从历史发展来看，是与国际环境外交同时起步的。但是与最早参与国际环境外交的德国、日本相比，我国的环境外交无论在国际还是在国内，无论在政策上还是在能力上，都无法同这些国家相比。

欧洲的环境主义运动在20世纪80年代达到了一个高潮，选择了“由绿而党”的与现实妥协的环保政治路径，组建了体现环保主义政策主张的政党“绿党”，而德国正是欧洲第一个正式意义的绿党的起源地。德国的政府、政党和公众，都有着强烈的环保意识，将保护环境作为国家的基本国策。德国的绿党政治，无论在国际环境领域中，还是在国内政治层面，都占据着主流地位。德国绿党在1998年大选中获得空前胜利，其成员担任了联邦政府的外交、环保、卫生三个部长职务；在国际环境领域，德国绿党领袖德国外长菲舍尔（Joseph Fischer）曾经是全球绿党中最有权势的人物，德国目前已经建立起当今世界上最为完善的环境法律体系，并以其在国内环境政治和环境法律方面的优势，推动国际环境立法的发展，在国际环境机制中发挥着积极的建设性作用。德国是国际环境领域中的领跑者，在目前的国际环境领域中属于环境技术、环境观念、环境治理经验、环境产品的输出国，在环境治理问题上处于环境治理的收益阶段。

日本在历史上曾经是世界上最大的公害国家之一，有着丰富的环境治理经验。日本早在20世纪70年代就制定了《公害白皮书》，指出公害问题的国际化问题；1984年倡议建立了“世界环境与发展委员会”，1988年制定了《环境白皮书》，1989年提出环境外交政策，之后在环境厅专门设立全球环境部，基本形成了环境外交的完整机制；冷战后日本环境外交在国内立法、政策导向、外交机构、基本体制、国际立法和对外援助上取得了长足的发展，环境外交已经成为日本提升国际影响、树立大国形象的重要战略之一；日本充分利用其环境经济与环境技术方面的优势，积极开展国际合作，拓展其在发展中国家的市场，争夺在东亚地区，乃至整个国际环境领域的主导地位，进一步推进其全球战略的实现。打好“环境牌”已经成为日本对外恢复和实现政治大国战略中的重要环节。

中国的环境外交虽然起步较早，参与了国际环境领域中的主要国际会议和主要立法工作，但与上述国家相比，中国在开展环境外交过程中承受的历史负担和现实压力更重。发展中国家的基本国情、从农业到工业社会和后工业社会连续快速跨越的历史阶段、国内市场以及社会参与的先天不足，决定了中国环境外交在推动自身融入世界的过程中，承担着为国家的工业赶超提供保障、为国内环境治理争取资金和技术援助、建构和完善国内环境治理以及环境外交本身的基本框架、建构环境治理的社会基础和观念结构、在现有的不平衡的国际环境机制中争取发展中国家话语和环境权益等多重任务；既要解决本国发展过程出现的环境问题，又要解决发达国家几百年工业化造成的全球性环境恶果；既要承受工业化上游国家的环境风险转移行为，又要面对现有国际环境机制中弱化发展中国家地位、限制发展中国家发展的规则约束。中国环境外交承担了比西方发达国家更多的历史和现实的压力，虽然其与德国、日本等国家的环境外交时间起点相同，但先发却未能取得主导性的优势，在整体水平和外交能力上滞后于西方发达国家环境外交的发展。

因此，中国环境外交在发展过程中可以说是“补课与赶超同步”，经历了向外学习的“走出去”、在融入世界过程中建构自我的“引进来”、再寻求向外建构自己话语的“走出去”的过程，是一个在学习中求独立、在互动中求发展的跨越式赶超的发展进程。

（二）地理不利因素

从地理位置来看，中国位于亚太地区中心位置，周边陆上与东北亚、东南亚、南亚、中亚、北亚毗连相接，海上濒临西太平洋地区。这种地理上的国际环境使得中国与周边国家、地区之间发生了全方位的地缘关系。同时，中国是陆海兼备的东方大国，是世界上边界线较长、相邻国家最多的国家之一。与我国有共同边界的国家有 14 个（原来是 12 个，苏联解体后多了 3 个，锡金后并入印度），从东向西逆时针依次是：朝鲜、俄罗斯、蒙古、哈萨克斯坦、吉尔吉斯斯坦、塔吉克斯坦、阿富汗、巴基斯坦、印度、尼泊尔、不丹、缅甸、老挝、越南。

从区域环境问题的角度来看，我国与韩国、蒙古、日本存在沙尘暴、酸雨治理的环境问题；与俄罗斯存在着跨界水污染治理问题；与印度、尼泊尔都属于发展中国家，在气候变化问题上同属于历史不利国家。但是随着气候变化对青藏高原的影响加重，以及近几年周边地震的不确定性，环境问题很可能会与民族问题、宗教问题、难民问题相结合，引发新的利益争夺与争端冲突，例如：随着南亚大陆水源争夺的加剧，印度政府一方面计划在“阿鲁纳恰尔邦（中国藏南地区）”建设大约 100 座水坝，同时又担心中国在雅鲁藏布江上建水坝，影响其水安全；中国在湄公河上游建大坝，开发水电资源，引发了与越南、老挝等东南亚国家的用水抗议与矛盾；同时在海洋资源开发与海洋环境保护方面，与日本、越南存在着长期的矛盾。因此，我国在周边区域环境治理中涉及的国家地域广泛、争议问题多样、周边环境复杂，为冷战后中国环境外交的开展带来了一定的难度和压力。

从地理环境来看，中国所处的东亚地区是全球自然灾害高发地区。联合国亚太经社会研究显示，2014 年全球 226 起自然灾害中有一半发生在亚太地区，其中 85% 为严重的跨境风暴、洪水和山体滑坡，共造成 6000 多人死亡，7960 万人受灾，造成的经济损失高达 5960 亿美元。中国本身也属于自然灾害多发的国家。自新中国成立以来我国就一直遭受着沙尘暴、黄河水患、旱灾、地震等自然灾害的影响，冷战后随着全球环境问题的进一步加剧，中国的自然灾害也呈现了恶化的趋势。

以中国海洋自然灾害为例：1994 年 8 月温州地区遭遇（94）17 号台风、巨浪和特大风暴潮袭击，造成 1172 人死亡，直接经济损失达 188 亿元。随着沿海经济的迅速发展，人口密度剧增，海洋灾害造成的经济损失也呈急剧上升趋势，到了 20 世纪 90 年代已猛增至 100 亿元左右，比 20 世纪 80 年代增加了近 10 倍。[1]

中国国内的自然灾害总体上处于上升趋势，给经济发展和社会稳定带来直接威胁。2010 年，中国民政部会同国土资源部、水利部、农业部、统计局、林业局、地震局、气象局、保监会、海洋局和中国红十字会总会等部门，对 2010 年全国自然灾害损失情况进行了全面会商和核定。2010 年是中国近 20 年来仅次于 2008 年的第二个重灾年份，是 2010 年全球洪灾、旱灾、地震和地质灾害影响最为突出的国家之一，其中青海、甘肃、云南、四川、陕西、吉林、新疆、江西、湖南、贵州等省（自治区）灾情较为严重。2010 年中国自然灾害的直接经济损失为 5 339.9 亿元人民币，约占全球自然灾害直接经济损失的 60%。[2]

近年来，中国国内自然灾害整体呈现出灾害覆盖面广、分布不集中、突发性和不确定性的特点。以 2014 年为例，民政部、国家减灾委办公室发布的 2014 年全国自然灾害基本情况显示，2014 年各类自然灾害共造成全国 24 353.7 万人次受灾，西部地区强震频发，鲁甸地震损失严重；洪涝灾情总体偏轻，但

〔1〕 参见国家海洋局编：《中国海洋 21 世纪议程》，海洋出版社 1996 年版，第 9 章。

〔2〕 “2010 年全球共发生自然灾害 950 起　经济损失 1300 亿美元”，载央广网，http：//www. cnr. cn/jingji/yaowen/201101/t20110105_ 507547594. html. “去年全国因灾直接经济损失 5339. 9 亿元　为近 20 年第二重灾年份”，载人民网，http：//finance. people. com. cn/GB/13740549. html.

南方部分地区受灾严重；东北、黄淮等地高温少雨，夏伏旱突出；台风登陆个数偏少、次数偏多，超强台风历史罕见；年初低温雨雪影响春运，风雹灾害损失偏轻。[1]

冷战后自然灾害的频发，加重了中国经济社会发展和国内环境治理的负担，使中国环境外交疲于应对国内自然灾害，将很大一部分精力投放在引进防御自然灾害的危机管理机制、争取国际救援与国际援助合作上，从而在一定程度上分散了中国环境外交的注意力，加重了环境外交的负担。

二、中国环境外交的能力建设问题

首先，中国环境外交的历史定位不清，限制了中国环境外交在中国外交格局中的独立地位。中国环境外交在其产生之初，主要动力不是基于国内环境治理的内在需求，而是为了恢复与以联合国为主导的国际社会的对话关系。在当时的中国国内政治中，意识形态色彩浓厚，认为环境问题是资本主义造成的，社会主义消灭了人剥削人的制度，能够从根本上解决环境问题，对于工业化可能带来的环境问题与生态危机认识不足、重视不够。直至冷战前，中国的环境外交与民间社会保持着一种疏离的状态，环境外交的开展主要体现为政府的官方行为，环境外交决策也是遵循着自上而下的行政思路，对于环境外交的社会参与持一种保守的、警惕的，甚至是敌视的态度。因此导致这一时期的环境外交存在着发展动力不足、社会参与缺乏的问题，从而限制了环境外交理论和实践的发展。在 1989 年之前我国政府还没有明确的环境外交提法；1989 年到冷战后结束的一段时间内，我国虽然明确提出了环境外交的概念，并落实了环境外

---

〔1〕“2014 年各类自然灾害造成全国 1583 人死亡”，载新华网，http：//news.xinhuanet.com/politics/2015 -01/05/c_ 1113884854.htm.

交的具体负责部门，但是环境外交仅局限于应急性的外事实践，而缺乏清晰的基本概念和明确的政策规范。

冷战后，中国环境外交虽然取得了实质性的发展，但与德国、美国、日本等西方发达国家环境外交的能力和水平相比，还存在相当的差距，距离推进中国环境治理的整体上升、实现生态文明建设目标、发挥中国环境外交的建设性作用等目标和任务，还有着相当的距离。主要体现为：在制度规范上，没有突出中国环境外交的自身发展特色，缺乏对于中国环境外交发展不同阶段的历史分析，缺乏适应中国环境外交角色转变的前瞻性设计；在发展规划上，在环境治理的整体设计中没有突出内政与外交之间的关系，弱化了环境外交工作的独立性和建构功能，重视国内环境治理问题、忽视环境外交问题，重视环境外交对于国内环境治理的服务功能、而忽视了其对于国内环境治理的建构功能，重视对于国际环境机制的接受和内化、而忽略对于国际环境机制的互动和建构；在外交战略上，缺乏对于环境外交的主要领域、基本框架、社会认同、理论支撑、制度保障、组织分工的系统建构，对于环境外交的统筹、协调、沟通、应急等问题缺乏稳定性的制度措施；在具体实践上，在外交谈判和国际合作中主要依靠官方外交，而对于民间外交尤其是环境非政府组织与跨国公司的环境外交缺乏必要的政策认同和工作侧重，从而限制了中国环境外交对外渠道的拓展。

其次，中国环境外交的专业人才缺乏，限制了中国环境外交在国际环境领域的利益表达。中国环境外交在其起步发展阶段，通过参与国际环境外交实践，直接培养了曲格平、夏堃堡、王之佳等一批杰出的环境外交官。他们不仅为中国环境外交成功地融入世界作出了杰出的贡献，塑造了中国环境外交官良好的形象，而且在环境外交理论方面也颇有建树，在国际环境领域具有一定的影响。但是反观冷战后中国环境外交的发展现状，我国对于环境外交官的职业素质和培养模式，缺乏一套系统可行的规划管理机制。环境外交是外交工作中专业性、技术性较强的领域，要求从事环境外交的人员，不仅要懂外语，还要具备环境管理、环境伦理、环境科学、环境法学、国际关系等的专业知识背景。在中国环境外交的起步阶段，世界环境外交也处于起步阶段，我国可以通过在实践中摸索学习的方式，来培养环境外交从业人员，但随着全球环境治理的兴起，环境问题已成为冷战后国际政治的主流、热点以及各国利益角逐的焦点，环境外交已经被列入重要国际组织和世界主要国家的外交日程，环境外交的地位整体呈上升的趋势。在此背景下，在国际环境领域中，环境外交的专业性越来越强，对于环境外交从业人员专业能力和职业素质的要求也越来越高，主要环境大国，如德国、美国、日本等都非常重视对于环境外交的规划和建设，而我国在这方面的情况不容乐观。在我国目前具有国际影响力的环境外交官中，曲格平、夏堃堡已经退休，离开了环境外交工作的第一线；王之佳也已经年过60岁，接近退休年龄；新一代的环境外交官，在国际环境领域和中国外交工作中，还不具备足够的代表性和影响力。因此，冷战后中国环境外交的职业外交官人才梯队培养存在青黄不接的现象，限制了中国环境外交在国际环境领域实现利益诉求的能力和水平。

最后，中国环境外交的能力建设不足，限制了中国环境外交在中国外交格局中的上升空间。主要表现在：中国环境外交的统筹能力不足，在环境外交中，缺乏对于环境问题与主权问题、人权问题、冲突问题、贸易问题、知识产权问题、军事安全问题等的系统整合能力；中国环境外交的协调能力不足，尤其体现在涉及环境谈判和国际环境合作时，环境保护部与其他部门之间的分工协作缺乏长效的保障机制，地方环境保护部门与地方政府在开展环境外交工作时，缺乏明确的分工和问责机制；中国环境外交的沟通能力不足，在涉及具体环境问题谈判时，还是依靠国家组织相关的部门，如环境保护部、外交部等进行，主要采用政府外交和首脑外交的沟通方式，而没有充分调动公民社会和媒体舆论的力量，渗透进入谈判对象国家的公民社会，就中国环境外交的立场和原则进行广泛的沟通和游说，对其谈判施加国际和国内双重影响；中国环境外交的公关能力不足，在与国际上各种歪曲和夸大中国环境问题的言论博弈的过程中，在国际环境领域中的应对策略相对被动，缺乏媒体驾驭能力、危机公关能力和国家形象推介能力。因此中国环境外交必须重视提升自身的实力，推进外交渠道的建设，有目标、有步骤、有针对、有重点、有层次地提高环境外交的整体实力，突破自身能力局限，实现战略转型。

结语：冷战后，中国环境外交虽然取得了实质性的发展，在国际与国内环境的交互作用下，赢得了战略转型的发展契机，但是现有国际环境领域的利益格局局限了其话语能力，“中国环境威胁论”、“中国环境责任论”对其施加了国际舆论压力，“绿色壁垒”的存在加重了其在国际、国内的负担与风险，限制了其在国际环境领域的进一步拓展。同时，在国内环境治理中，中国环境治理能力的不成熟、中国环境外交政策的不明确、中国环境外交保障的不充分，限制了其在中国外交格局中的上升空间。另外，反观中国环境外交自身发展，中国环境外交存在历史不利、地理不利、能力建设不足等问题，也限制了其外交实力的整体提高。综上，必须加强中国环境外交自身的实力建设，拓展中国环境外交的渠道，系统构建中国环境外交战略，实现冷战后中国环境外交国际、国内地位的整体提升。

第三章

冷战后中国环境外交的发展契机

分析冷战后中国环境外交的发展契机，不能单纯地依托于内政决定外交的传统分析路径。冷战后随着全球化的发展，国家间的相互依赖程度更加紧密，国际关系的规范化程度日益提高，国际机制对于一国外交决策的影响日趋显著。在此背景下，一国在进行环境外交政策选择时，必须在国家的利益需求与国际环境机制的制约之间进行权衡选择；同时生态环境的整体性、系统性，也决定了国际环境问题的解决不可能孤立于世界环境领域之外，而局限于一国治理范围之内。因此，对于环境外交的政策分析，应该兼具国际视野与国内视角，不能忽视国际环境机制的外在影响作用。

双层博弈理论提供了分析国家外交决策条件的新视角，即分析外交决策，要考虑其总体环境，包括“作为内部环境的国内政治体系”和“作为外部环境的国际政治体系”。[1] 在分析国家的外交决策方面，双层博弈理论不是停留于内政外交的互

〔1〕 参见［美］詹姆斯·多尔蒂、小罗伯特·普法尔茨格拉芙：《争论中的国际关系理论》（第5版），阎学通等译，世界知识出版社2003年版，第594、595页。

动关系分析，而是提供了更广阔的总体环境分析视角，体现了冷战后国际关系出现的新趋势，对于冷战后国家间的相互依存关系更具解释力。但需要注意的是：双层博弈论主要立足于西方，尤其是美国的政治决策模式，其分析重点是国际外交谈判中的国际国内力量博弈。因此在分析中国环境外交的具体问题上，不能不经“扬弃”、一味地照搬其理论和分析方法，而忽视中国政治决策方式和西方思维的差异以及中国的发展中国家角色。我们只能借鉴其中的外交政策选择与国际、国内互动的一种分析思路，来探讨冷战后中国环境外交决策中国际国内环境的交互影响作用，以及冷战后中国环境外交在国际国内环境变化交互作用下的角色调整问题。

第一节　中国在冷战后国际环境领域中的角色转变

一、环境问题成为冷战后国际关系领域中新的利益博弈焦点

冷战后随着经济全球化和科学技术的发展，人类影响自然的能力和范围超越了以往任何一个时代。人类对丁自然资源的消耗、对于环境的污染和破坏能力，也超出了以往任何一个时代。世界范围内人与自然的矛盾日益突出，环境问题在全球范围内出现了持续恶化和蔓延的趋势，引起了国际社会对于环境问题的广泛关注和对于人类未来命运的焦虑。

冷战后环境问题出现许多新的特点，导致其在国际关系领域的地位发生了变化：

1. 环境问题影响范围的渗透性，使环境问题上升为全球公共问题。冷战后全球环境问题的影响范围已经超出了传统的国

家边界，渗透到了各个区域、甚至全球的每一个角落。国际环境问题的范围主要涉及：空气、水、土壤、森林、草原、海洋、动植物、生物多样性、外层空间、南北极等。冷战后国际环境问题的主要类型包括：全球气候变化、酸雨、臭氧层破坏、水资源短缺、水体污染、危险废物的转移、森林锐减、草原退化、土地荒漠化、生物多样性锐减、有毒化学物品的使用、环境激素的危害加剧等。

与冷战前不同，环境问题不是以单个或几个形态出现在某个国家或某一地区，而是以整体的形式集中出现在人类的整个生存空间。由于生态环境的系统性和生态循环的连续性，任何一个国家造成的污染都可能对全球环境产生危害；同时空气污染、水污染、土壤污染、海洋污染、过量使用的环境激素等环境问题可以通过生态循环，渗透到人类的食物链当中，直接威胁人类的生命健康。

联合国《千年生态环境评估报告》显示，在过去 50 年中，由于人口急剧增长，人类过度开发和使用地球资源，一些生态系统所遭受的破坏已经无法得到逆转；地球上 10% ~30% 的珍稀野生动物濒临灭绝；24 个生态系统中的 15 个正在持续恶化；大约 60% 的人类赖以生存的生态服务行业，如饮用水供应、渔业、区域性气候调节以及自然灾害和病虫害控制等，无法进行可持续性生产，前景每况愈下。如果目前情况继续恶化下去的话，生态环境将有可能发生突然变化，导致水资源质量发生突变，新的疾病蔓延，沿海地球海洋生物死亡，以及地球气候出现异常变化。全球性环境问题影响的是人类赖以生存的整个生态系统。

全球性的生态危机打破了人类在传统国际关系中建构的“以邻为壑”的思维定式，在人类传统的政治思想中，人与自然关系大多被视为一种给定因素，人们将更多的注意力集中在了人类社会生活领域，认为威胁主要来自于人、国家和社会，而很少从类群体的角度思考一个来自人类以外的更大的威胁——生态危机。因此，在人类所构建的国际政治框架，没有将环境问题纳入到全球性公共问题的范畴内。

冷战后，环境问题跨越了人类政治生活中人为设定的国家边界，其所造成的危害是人为的国家边界设定无法分割、阻挡和控制的。就其治理难度而言，已经超越了民族国家治理能力的极限，挑战了现有国际政治框架的领域性和空间性理论，对于全球性治理和国家管理的制度能力提出了质疑。环境问题的全球性和渗透性决定了环境问题不是单个国家面临的个体问题，而是个体—国家—全球面临的公共问题；要想解决全球性的环境问题，必须调整全球性的治理体系，寻求新的治理途径和治理工具。

因此，1992 年的联合国环境与发展大会将环境与发展问题相联系，在全球性治理框架中探讨环境问题的解决之道。环境问题成了冷战后第一个被纳入联合国治理框架的全球性公共问题。环境问题在国际关系领域中，不再仅仅是一国的内政问题，而是上升为区域乃至全球的共同问题；健康、可持续的生态环境成了涉及人类共同利益的全球性公共产品，环境问题成为国家间外交谈判中新的议题和筹码。

2. 环境问题影响结果的深远性，使环境问题上升为国际政治的主流问题。尽管人类一直在努力解决全球环境问题，但是冷战后地球的整个生态环境依然呈持续恶化趋势，国际环境形势日趋严峻，生态环境恶化的证据越来越鲜明地呈现在全球视野内。环境问题就其影响结果而言，威胁的不再仅仅是人类的生产和生活的质量，而是直接威胁到整个人类的存续和安全。

2002 年联合国可持续发展高峰会议在其宣言中承认 1992 年里约会议所确定的目标没有实现，全球环境继续恶化，生物多样性不断丧失，鱼类资源不断减少，荒漠化在吞噬越来越多的良田，气候变化的不利影响已显而易见，自然灾害日趋频繁，其危害日趋严重，发展中国家越来越脆弱，空气污染、水污染和海洋污染继续夺去数百万的无辜生命。[1]

以 2010 年为例，全球范围内自然灾害频发，气候变化异常，极端天气频繁。例如：印度遭严重高温干旱，最高气温逼近 50℃；持续罕见寒流暴雪冻结“北半球”；近 40 年来最严重高温干旱引发俄罗斯森林大火；热浪席卷北半球多国；强风暴“辛加”横扫欧洲；大范围泥石流夺乌干达百条人命；严重雪崩肆虐亚洲中南部；近 81 年来最严重暴雨洪涝致巴基斯坦 1 800 人死亡；强台风“鲇鱼”横行东南亚；巴西里约热内卢大暴雨创新纪录；斯里兰卡有 36 万人因洪水无家可归。[2]

冷战后国际环境问题就其影响结果而言，威胁的不再仅仅是人类的生产和生活的质量，而是威胁到了整个人类赖以存在的生态空间，直接威胁到了人类生存和发展的根本；人类要想在未来世界里求得健康、安全、持续的发展，就必须摈弃成见，寻求环境领域的国际合作。正如芬兰外交部部长图奥米奥雅（Erikki Tuomioja）所说，“面对气候变化的推进和生物多样性的快速丧失，我们可能最多只有几十年的时间来实现生态、社会以及经济上的可持续发展。必须抱着紧迫感采取果断行动，以

---

〔1〕“联合国约翰内斯堡可持续峰会会议资料”，载联合国约翰内斯堡可持续发展会议网页，http：//www. un. org/chinese/events/wssd，2015 年 5 月 15 日访问.

〔2〕“背景资料：2010 年全球重大自然灾害”，载新华网，http：//news. xinhuanet. com/world/2010 - 12/21/c_ 12904095. htm.

扭转全球态势，否则将为时已晚。要么我们联手取得成功，要么我们一道灭亡”。[1]

环境问题不再仅仅局限于国际政治中边缘化的“低级政治”问题，而是逐渐成了一个涉及国家安全与发展、人类共同体命运的不可回避的重要议题，是国家实现内外有效治理的基础和底线。环境问题也不再是局限于技术领域的边缘问题，而是上升为国际关系领域的主流问题。

3. 环境问题影响领域的复杂性，使环境问题成为各国新的利益争夺焦点。环境问题影响的自然领域涉及人类的整个生存空间，环境问题影响的社会领域也涉及了人类生产和生活的方方面面。

1992 年联合国环境与发展大会以后，环境问题开始与人类的经济社会发展问题紧密相连，环境问题开始渗透到了安全、主权、人权、贸易、投资、法律等各个领域。跨界污染、环境难民、环境纠纷、“绿色壁垒”，开始成了生态环境恶化、环境污染以外的影响国家稳定与发展的问题，应对气候变化等主要环境问题开始成为国际、国内的重大政治议程，发展低碳经济和绿色消费开始成为全球经济的新的增长点，国家间围绕环境利益展开了激烈的政治博弈。

冷战后随着两大军事集团对抗的结束，世界各国的主要精力转移到经济实力的竞争上来，而环境问题涉及人类发展至关重要的资源与能源问题，绿色、低碳和循环发展已成为世界潮流，绿色发展成为体现国家竞争力、占领战略制高点的重要领域。因此，南北方国家之间围绕着环境与发展问题、环境责任

---

〔1〕“声音 2013”，载联合国网站，http：//www. un. org/zh/index. html.

问题，展开了新一轮的斗争与合作。

人类自然资源永久主权原则的确立，将一国境内的自然资源列入了该国的主权管辖范围内，加之国际环境法的发展和发达国家国内环境立法的加强，使得发达国家无法再像冷战前一样，在发展中国家任意掠夺资源或在国内将环境成本外部化。发达国家为了降低产品的环境成本，保护本国的生态环境，利用南北方国家之间环境立法和环境标准的差异，将污染企业和危险废弃物转移到广大发展中国家。同时，发达国家利用其主导的国际经济规则，控制战略性资源的定价权，对发展中国家进行生态掠夺。此外，发达国家通过制定对外环境政策、主导和控制国际环境机制，来争夺国际环境领域的控制权，向发展中国家绑架营销本国的环境政策、环境技术、环境产品。

伴随着以中国为首的新兴市场国家和发展中国家的不断发展，以及各国能源战略和经济发展战略的转型，发展中国家在全球可再生能源战略和投资领域展现出不容忽视的力量。发展绿色、低碳、循环经济，实现绿色转型，在“求生存”的同时“求生态”，发掘在低碳经济时代的后发优势，在国际环境与发展领域中争取公正、平等的发展空间，成为中国等新兴市场国家和发展中国家发展战略选择中的重点问题。

因此南北方国家之间的、围绕着环境与发展利益之间的博弈依然是国际环境治理中的一个重要主题。南北方国家在现有的国际环境机制中，一方面要进行掠夺与反掠夺、控制与反控制的斗争，另一方面还要积极寻求国际合作，以实现本国的绿色发展，解决全球性生态危机。

二、国际环境领域的利益格局在冷战后更为复杂多变

（一）国际环境机制中的南北之争

冷战后的国际环境机制主要包括以联合国为主导的国际环

境公约，其他国际公约中与环境保护有关的规定，区域环境公约、双边环境条约以及区域与双边条约中与环境保护有关的规定，与环境保护有关的国际惯例等。

其中以联合国为主导的国际环境公约是国际环境机制中最主要的部分，参加国家最多，影响范围最广，涉及的环境问题最为突出。主要包括：《联合国气候变化框架公约》及其《京都议定书》、《生物多样化公约》、《关于消耗臭氧层物质的蒙特利尔议定书》等国际环境公约，以及 WTO 中与环境保护有关的规定和《核安全公约》等。具体的法律原则主要包括：人类共同利益原则、可持续发展原则、国家的自然资源永久主权原则、共同有区别的责任原则、风险预防原则等；主要法律机制包括：多边国际合作机制、清洁发展机制、国际环境争端解决机制、生态环境补偿机制、国际环境履约管理机制等；其涉及的环境问题的具体领域包含：水资源、大气、外层空间、海洋、土壤、森林、生物多样性、南北极等领域的环境保护，以及关于有毒化学物品、危险品的管理与风险责任等。

在上述国际环境机制的形成和发展过程中，西方发达国家起到了主要的作用。西方发达国家早在 1972 年人类环境大会阶段，就已经完成了工业化过程，并开展了对国内环境的治理；冷战后，西方发达国家国内环境治理已经进入了成熟阶段，开始向世界范围输出其环境治理的成果，德国、美国和日本等西方有代表性的环境大国通过环境外交的开展，向国外尤其是广大发展中国家进行环境援助，并在技术交流、人员培训等领域开展国际合作。西方发达国家环境治理成果输出的目的有两点：一是在经济上，打开发展中国家的环保市场，在环保产业和绿色消费方面开拓新的经济增长点；二是在政治上，进一步加强对广大发展中国家的控制，提高在国际环境与发展领域的话语权，进而在国际领域竞争中夺取新的制高点。因此，西方发达国家，尤其是美、德等主要环境大国，在国际环境领域积极推进国际环境关系的法律化和秩序化，充分利用其在国际环境与发展领域中的知识经验与实力地位，加强对国际环境机制形成过程的控制，进而争夺在国际环境与发展领域的主导地位。

例如，1996年，美国国务卿克里斯托弗（Warren Minor Christophe）在斯坦福大学的演讲——《美国外交和全球环境在21世纪面临的挑战》（American Diplomacy and the Global Environment Challenges of the 21st Century）中，就曾经明确指出："美国在推进全球和平与繁荣方面担当着领导角色。我们必须在保护全球环境方面起带头作用，因为环境是繁荣与和平依赖的基础"，"自从里约大会以来，美国加强了在全球范围内的努力。我们一直倡导达成一项协议，逐渐淘汰正在使用的损害臭氧层的物质，禁止向海洋倾倒低辐射废料……"，"我们正在致力于改革并强化联合国主要的环境与可持续发展项目"。[1]争取在国际环境机制中的主动权，成为以美国为代表的西方发达国家在国际环境领域进行利益博弈的重要途径。

冷战后，在国际环境机制中起主导作用的还是德、美等西方发达国家的主要环境大国，在其构建的现有国际环境机制框架中，针对环境问题这一全球性公共问题的治理体系设计中，弱化全球性环境问题的公益性，强化全球性问题的公害性，从而塑造了突出发达国家在全球环境治理体系中强势地位的话语体系；在制度设计中，更多的是将公害治理成果对外输出视为一种经济行为，推动环境无害技术、环境产品、排放限制的商

〔1〕 转引自丁金光：《国际环境外交》，中国社会科学出版社2007年版，第274页。

品化；在全球环境问题的历史成因上采取“历史虚无主义”，忽视环境问题的历史责任、国际关系中的“社会达尔文主义”的现实、发展中国家在生存与生态问题上的困境，将全球性环境问题的公益性置于发达国家通过公害治理成果进行经济、政治扩张战略的附属地位；在国际环境领域中，将发达国家的利益置于广大发展中国的利益之上，置广大发展中国家于边缘化地位，并通过其主导的国际环境机制将这种不公正合法化，在国际环境领域中对发展中国家实施结构性暴力。

美国著名生态政治学者丹尼尔·A. 科尔曼（Daniel A. Coleman）的观点，也许有助于反思现有国际环境机制中的话语问题，“外交政策和国际经济活动务必要支持其他人民，尤其是第三世界人民的经济潜能和民主潜能，因为这些人民的劳动与资源支撑了一个对他们回报甚少的全球经济。第一世界的富裕生活和清洁环境不能建立在他人的脊背上。全球责任从根本上反对对任何地区的人民进行经济的或政治的剥削，它理解到这种情况不仅从人道主义角度而言是无法接受的，而且从务实的现实角度而言也将无法维持环保的严正性与完整性”。[1]

因此，南北方国家在现有国际环境机制中的话语之争，不仅意味着要重构国际环境领域中的规则体系，保障广大发展中国家的环境与发展利益，寻求环境与发展领域中公正与合理的国际秩序，而且还直接关系到全球环境治理中的效率和效果的整体提高，对于人类共同体的生存和发展具有终极意义。

随着经济全球化、世界多极化和社会信息化的深入发展，发展中国家以其后发优势获得了更大的发展空间，新兴市场国家

〔1〕［美］丹尼尔·A. 科尔曼：《生态政治——建设一个绿色社会》，梅俊杰译，上海译文出版社2002年版，第132页。

和发展中国家正在实现群体性崛起，其综合国力不断提高，国际地位得到了很大的改善。以中国代表的发展中国家，正在通过积极的努力，逐渐克服自身在环境治理问题上的经验和实力的局限，通过开展环境外交，不断提高发展中国家在国际环境机制中的影响力和话语权。

（二）冷战后国际环境领域利益格局的重新调整

从环境外交的发展历史上看，发达国家与发展中国家在环境保护的责任分担、资金和技术的援助、环境与发展的优先关系等问题上，一直存在着严重的分歧。生态环境问题与发展问题，一直纠结在一起，贯穿于国际环境外交发展的整个历史进程。冷战后，为了达到向发展中国家进行扩张和渗透的目的，西方发达国家利用其在国际环境领域的主导地位，推动国内环境保护制度的对外扩张，制定有利于实现自身国家利益的国际环境规则，在国际环境领域继续推行霸权主义和强权政治。国际气候变化问题中克林顿政府、小布什政府前后截然相反的态度，就是美国凭借自身实力，在全球环境治理过程中采取双重标准，为实现自己的国家利益而罔顾人类共同利益的明证。因此，南北两大国家集团之间的矛盾与斗争，依然是冷战后国际环境领域的主要矛盾。

与此同时，在发达国家与发展中国家内部，根据各自的自然条件、经济与科技实力、政治影响、环境治理能力的差异等，形成了以德国、美国、日本等为代表的发达国家环境大国力量和以中国、印度、巴西等为代表的发展中国家环境大国力量。国际环境领域形呈现出南北方国家力量博弈、大国环境外交的基本利益格局。

随着冷战后应对气候变化等主要环境问题开始成为国际、国内的重大政治议程，发展低碳经济和绿色消费开始成为全球经济新的增长点，国际环境领域国家间的利益格局开始出现新趋势：国际环境领域虽然还保持原有的南北方国家力量博弈、大国环境外交的基本利益格局，但是，在应对特定领域环境问题的态度上，发达国家与发展中国家的内部阵营开始出现了分化，各国根据各自的国家利益决定各自的立场和对策，国际环境领域的利益格局呈现出一定的模糊性和不确定性。

以应对全球气候变化问题为例，在哥本哈根国际气候变化大会上，针对节能减排的具体问题，西方发达国家之间、尤其是主要环境大国之间存在着意见分歧：以德国为代表的欧盟主导着国际节能减排的步伐，宣布2020年减排30%，但前提是发达国家必须签署类似行动方案；日本宣布比1990年减排25%，同时督促美国作出具体减排承诺；美国宣布在1990年的基础上减排4%，并警告如果中印不减排就收“碳关税”。发展中国家间也存在着力量的分化：中国、印度等发展中大国在气候问题上立场基本一致，即不会接受任何强制性减排目标；巴西偏离了发展中国家阵营，与法国采取了共同立场，即在2050年前，使工业化国家的排放水平比1990年减少50%。[1] 一些小岛国家，基于自身的国家利益考虑，从发展中国家阵营分化出去。冷战后，在应对以国际气候变化问题为代表的主要环境问题上，意识形态和政治制度在国际环境领域无法起到决定作用，国家利益最终战胜了人类共同利益，成为各国环境外交的决定因素。

与此同时，伴随着新兴市场国家和发展中国家的群体性崛起，一些发展中大国在国际环境领域中的实力和地位不断提高。2014年发展中国家的可再生能源投资增长了36%，达到1 313

---

〔1〕“聚焦哥本哈根气候变化大会”，载新华网，http：//www. xinhuanet. com/world/gzqqqhbh/，2015年4月5日访问。

亿美元，中国以833亿美元位居榜首，巴西、印度和南非均跻身前十。与此同时，发达国家2014年的可再生能源投资仅增长了3%。金砖国家目前已计划实行“绿色能源提案”，可再生能源正在成为发展中国家能源和基础设施建设的重要组成部分。中国目前在大力投资可再生能源，并且已降低可再生能源技术成本；印度也已宣布将加快发展绿色能源。这显示出可再生能源将在金砖国家经济转型中发挥核心作用。联合国副秘书长、环境规划署执行主任阿希姆·施泰纳（Achim Steiner）评价，“金砖国家是绿色技术创新的关键”。[1]

在此基础上，国际环境领域的利益格局正在进行着重新的调整，国际环境领域的权力正在渐渐地发生转移，国际环境领域的利益格局变得更为复杂多变。

三、中国在冷战后国际环境领域中的角色转变

冷战后，气候变化问题成为国际环境领域的重点和热点问题，低碳技术和绿色产品成为新一轮国家竞争力角逐的核心，谁能在该领域抢占先机，谁就将引领世界经济发展潮流，并成为国际市场的最大赢家。因此，世界各国，包括西方发达国家的主要环境大国、发展中国家中的新兴市场国家，均加强了在环境外交领域的投入，围绕国际环境机制中的控制权，展开了新一轮的力量角逐和角色分配。

与此同时，随着中国与世界经济联系的日趋紧密、中国经济实力的持续提高、中国国际地位的不断上升，以及中国对国内环境治理的日益重视，中国通过广泛参与国际环境立法、积

〔1〕“执行主任接受新华社专访：中国可再生能源发展引领全球步伐”，载联合国官方微博，http：//weibo. com/unepandyou？from = feed&loc = nickname，2015年4月20日访问。.

极开展国际环境合作、妥善解决国际环境争端，使中国环境外交观念得以更新、认识得以提高、经验得以增长，在各个方面获得了实质性的发展。在与国际环境机制的互动中，中国环境外交在话语方式上由被动逐渐向主动转变、在参与方式上由融入性参与向建设性主导转变，冷战后中国环境外交在国际环境机制中的角色发生了历史性转变。

从国家政策对环境外交的定位来看，中国在内部决策中产生了在国际环境领域实现角色转变、提高在国际环境领域话语地位的政治意愿。

温家宝总理在2006年提出的实现经济发展与环境保护工作关系的三个转变中，还没有涉及环境外交工作的国际定位；而胡锦涛同志在党的十七大报告中则明确了环境外交的工作任务，即“加强应对气候变化能力建设，为保护全球气候作出新贡献”，“环保上相互帮助、协力推进，共同呵护人类赖以生存的地球家园”。[1] 这是环境外交的工作任务首次出现在我党的工作报告中，预示着我国环境外交的国际定位将发生转变；胡锦涛同志在出席2009年联合国气候变化峰会开幕式的讲话中，进一步阐述了中国在国际环境外交中的立场，即“努力实现发达国家和发展中国家双赢，实现各国利益和全人类利益共赢”，[2] 这表明中国在应对气候变化等重要国际环境领域中的角色，由最初的被动融入国际环境机制的参与者，向主动发挥建设性作用的国际环境机制的推动者转变。

---

〔1〕“胡锦涛在中国共产党第十七次全国代表大会上的报告”，载新华网，http：//news. xinhuanet. com/newscenter/2007－10/24/content_ 6938568_ 9. htm.

〔2〕“胡锦涛在联合国气候变化峰会开幕式上的讲话（全文）”，载新华网，http：//news. xinhuanet. com/world/2009－09/23/content_ 12098887. htm.

从国际环境领域对中国环境外交的重视程度来看，冷战后中国经济快速发展对资源、能源消耗高度依赖所导致的日益严峻的国内环境形势，使得世界舆论对中国环境问题的解决给予了高度关注，如2005年英国的《卫报》在中国国庆前夕的报道中指出，“21世纪，中国如果要引领世界，必须教给我们如何持续”；同时中国通过开展环境治理和环境外交对全球环境治理所作出的贡献，使得世界愈发重视中国对于全球环境治理的作用，将中国定位为未来全球环境治理中一支不可忽视的重要力量。

2003年联合国环境规划署在北京设立了代表处，这是联合国环境规划署在全球发展中国家设立的第一个代表处，目的在于协助中国这个世界最大的发展中国家应对全球性环境问题，进而推动全球环境治理的发展。联合国环境规划署执行主任特普费尔（Claus Topfer）先生，在代表处成立时指出：“中国的环境工作不但决定其本国人民的福利，也将对全球产生重大影响。”[1] 他充分肯定了中国参与全球环境治理的努力，强调了中国参与环境治理对于整个人类的重要意义。中国对本国环境问题的解决和对全球环境治理的参与，在国际环境领域中具有不可或缺的重要地位，不但可以促进本国经济发展、维护社会稳定、保障人民生命安全，而且可以增进全球人类共同福祉。

联合国副秘书长、环境署执行主任莫里斯·施特朗（Morris Strong）也指出：“全球化使中国与世界的相互依存达到前所未有的程度……中国致力于走科学指导下的和谐发展道路，确立要建立一个新的、独具特色的可持续发展模式。正在迈向一个

---

〔1〕“联合国环境规划署驻华代表处正式成立”，载新华网，http：//news.xinhuanet.com/newscenter/2003－09/19/content_1090754.htm.

安全和可持续发展的未来的进程中，中国可能引领世界。”[1]

联合国副秘书长、环境规划署执行主任阿希姆·施泰纳（Achim Steiner）在参加2015年首届金砖国家环境部长会议前夕接受采访时表示：金砖国家绿色发展为世界提供契机，中国目前在全球可再生能源战略和投资领域展现出不容忽视的领导力。“中国在可再生能源技术方面的生产能力，降低了全球产品价格和使用门槛，从而带动全球发生革命性的变化。”[2] 联合国环境规划署的官方微博在2015年4月20日，进行了“执行主任接受新华社专访：中国可再生能源发展引领全球步伐”的专题报道。

世界对中国在全球环境治理中地位的重视和关注，催生了中国在国际环境领域中实现角色转变的国内政治意愿。因此在国内政治意愿与国际社会期望的交互影响下，中国在冷战后国际环境机制中的角色逐渐发生了转变，从体系的参与者向体系的建构者转变，为中国环境外交提供了新的机遇与挑战。

第三节　环境问题在中国经济发展与外交转型中战略地位的上升

一、冷战后中国国内环境问题日趋严峻

改革开放以来，由于我国的工业化、城市化的高速发展，

---

〔1〕莫里斯·施特朗：《建立全球环境治理的新范式》，转引自张海滨：《环境与国际关系：全球环境问题的理性思考》，上海人民出版社2008年版，序言。

〔2〕“联合国副秘书长：金砖国家绿色发展为世界提供契机”，载央视网，http：//m.news.cntv.cn/2015/04/22/ARTI1429661555671417.shtml.

对资源利用和环境保护的重视程度不够、管理措施不当，我国的资源和环境负载过重，使得发达国家三百多年工业化过程中发生的各种环境问题高度浓缩在我国三十多年的经济与社会发展当中。冷战后，我国的经济发展和社会生活面临着异常严峻的环境形势。

首先，冷战后中国环境问题呈现出高危性趋势。我国目前环境污染持续加大，生态脆弱性严重。我国的主要污染物排放强度大、总量大，远远超过环境承载能力，水、大气和土壤环境受到不同程度的污染，固体废物、汽车尾气、持久有机物等污染物持续增加。

以土壤和河流为例：我国受农药、重金属等污染的土地面积达上千万公顷，其中矿区污染土地达200万公顷，石油污染土地约500万公顷，固体废弃物堆放污染土地约5万公顷。[1] 中国现有土壤侵蚀总面积294.91万平方千米，占国土面积的30.72%。其中，水力侵蚀129.32万平方千米，风力侵蚀165.59万平方千米。[2] 目前，中国土壤环境状况总体不容乐观。根据环境保护部和国土资源部2014公布的调查数据，近年来，镉的含量在全国范围内普遍增加，在西南地区和沿海地区增幅超过50%，在华北、东北和西部地区增加10%至40%。[3] 土地污染已经对我国生态环境质量、食物安全和社会经济可持续发展构成严重威胁。

---

〔1〕“2009年中国环境状况公报”，载环境保护部网站，http：//jcs. mep. gov. cn/hjzl/zkgb/.

〔2〕“2009年中国环境状况公报”，载环境保护部网站，http：//jcs. mep. gov. cn/hjzl/zkgb/.

〔3〕“沿海地区土壤镉含量增幅超50%　官方应对稻田镉污染”，载新华网，http：//news. ifeng. com/a/20150329/43440435_ 0. shtml.

2013 年，全国地表水总体为轻度污染，部分城市河段污染较重。长江、黄河、珠江、松花江、淮河、海河、辽河、浙闽河流、西北诸河和西南诸河等十大流域的国控断面中，Ⅰ～Ⅲ类、Ⅳ～Ⅴ类和劣Ⅴ类水质断面比例分别为 71.7%、19.3% 和 9.0%。与上年相比，水质无明显变化。主要污染指标为化学需氧量、高锰酸盐指数和五日生化需氧量。[1] 严重的淡水污染直接威胁到了工农业的发展和居民的生命健康。

除土壤和淡水受到严重污染外，中国目前正面临着“呼吸之痛”、“心肺之患”，被凤凰网评论为“比非典还可怕的雾霾”。2014 年中国 143 万平方公里国土受灰霾影响，81 万平方公里国土为重霾。2014 年 2 月 22 日，北京首次启动空气重污染“橙色预警”。雾霾的蔓延为中国国内的环境危局，提供了最为鲜明、最为直观、最具普及性的证据。

可以说我国经济的跨越式发展在很大程度上是以牺牲环境和资源为代价的，是以损害子孙后代的环境利益为条件的，是在生态环境严重透支的基础上发展起来的。

其次，冷战后中国环境问题呈现复合型特点，由工业化、城市化带来的原有环境问题尚未解决，新的环境问题已经出现。我国目前处于多种环境问题集中并存的时期，正面临着最严峻、最复杂的环境污染。

我国当前的环境问题涉及的领域非常广泛：气候变化、水污染与水资源短缺、大气污染与酸雨、土壤污染与耕地减少以及水土流失和土地荒漠化；固体废弃物污染；噪声污染和光污染；辐射和其他污染以及森林、草原与生物多样性减少等。几

---

〔1〕“2013 年中国环境状况公报”，载环境保护部网站，http：//jcs. mep. gov. cn/hjzl/zkgb/.

乎发达国家工业化、城市化过程中出现的以及国际环境领域现有的所有环境问题，都高度浓缩在我国现阶段的经济与社会生活中。

我国当前环境问题的成分构成非常复杂：在水污染中包括有机污染、富营养、重金属、持久性有机污染物等；在大气污染中包括煤烟型污染、光化学污染、酸雨、汞污染、沙尘暴等；在固体废弃物污染中包括城市垃圾污染、工业排放有害废弃物污染、废弃家电产品污染等。这种情况给环境治理带来了极大的难度，中国的环境治理能力受到了前所未有的挑战。

国合会2006年的研究显示：在中国，每5个城市中就有一个存在严重的大气污染，每年导致40多万人早死，约有2/3的城市饮用水短缺；1/3的土地面积受到酸雨影响；1/3的土地面积存在水土流失和沙漠化问题；90%以上的天然草场退化；总体生物多样性受到威胁；环境纠纷与抗议越来越多。[1] 中国国内复合型环境问题的后果和证据呈现出显性上升的趋势。

再次，冷战后中国环境事故和环境灾害呈现迸发性状态。虽然我国政府一直在采取技术、法律、政策、社会、经济等各项手段开展环境综合治理工作，但我国环境恶化的总体趋势尚未得到遏制，环境事故和环境灾害带有并发性和频发性，近年来呈现出迸发状态。

仅以2008年的环境灾害为例：1月南方冻灾死亡129人，失踪4人，南方数省铁路、公路交通几近瘫痪；5月汶川大地震，死亡69 227人，失踪17 923人，伤37万人；接着攀枝花—

〔1〕 中国环境与发展国际合作委员会2006年专题政策报告第五期“环境执政能力政策研究”，见中国环境与发展国际合作委员会网站，http：//www. cciced. net / zcyj/ztbg/subjectpolicy06/.

会理地震、南方暴雨洪涝、强台风“黑格比”、西藏当雄地震等。[1] 频发性的环境灾害和环境事故往往又会导致次生环境污染和环境灾害，严重威胁到我国的经济、社会发展以及人民的生活空间和生活质量。

与此同时，自1996年来以来，环境群体性事件一直保持年均29%的增速，重特大环境事件高发、频发。2005年以来，环保部直接接报处置的事件共927起，重特大事件72起，其中2011年重大事件比上年同期增长120%。[2]

在自然灾害与环境事故呈现出高发、并发、迸发态势的同时，中国国内开始出现群发性的环境毒化与环境致癌现象，环境问题引发的健康风险和社会风险呈现出上升趋势。

2007年5月，国土资源部公布了一个惊人的数据——中国受污染的耕地约1.5亿亩，形势严峻。自1997年以来，癌症成为中国人的第一死因，每年有近130万人死于癌症。法国癌症研究计划负责人贝尔波姆认为，80%～90%的癌症是由人为破坏环境造成的。

2009年4月，《凤凰周刊》以《中国百处致癌危地》作为封面故事，讲述了我国百处致癌危地；同年，华中师范大学地理系学生孙月飞在题为《中国癌症村的地理分布研究》的论文中指出，“有197个癌症村记录了村名或得以确认，有2处分别描述为10多个村庄和20多个村庄，还有9处区域不能确认癌症村数量，这样，中国癌症村的数量应该超过247个，涵盖中国

---

〔1〕 杨东平主编：《中国环境发展报告（2009）》，社会科学文献出版社2009年版，第2页。

〔2〕 杨烨：“环境违法企业或面临民众实质问责”，载《经济参考报》2014年8月5日。

大陆的27个省份；2013年2月，一份基于调查材料由公益人士制作的“中国癌症村地图”在互联网上被关注，村子数量被认为超过200个，集中于广东、浙江、江苏等经济发展较快的省份，并显示出向内地资源省份蔓延的趋势。

中国国内环境致癌问题的蔓延，不仅是一个严重的环境致害问题，而且涉及环境问题背后所隐藏的社会公正问题，需要在环境治理问题上进行更为复杂的制度设计，在经济、政治和社会生活中对其进行政策矫正，才能从根本上解决这一问题。

最后，冷战后中国国内环境问题呈现政治化倾向。随着中国社会环境参与、环境意识、环境维权等的不断提高，中国国内环境事故、环境纠纷、环境移民等问题的不断出现，环境污染和生态退化问题有时会成为导致和加剧社会矛盾的重要因素。环境治理问题开始超出技术领域，进入到社会关系领域，与健康领域、社会风险领域、消费领域产生密切关联，并影响到了社会公平、贫困和就业等问题。环境问题在中国国内出现了政治化、社会化和安全化趋势，环境保护问题被上升到生态文明和民生问题的高度，成为科学发展观的重要内容，转变为涉及中国经济社会可持续发展、保障人民生命健康权利的重大政治问题。

在全球化的背景下，随着我国工业化、城市化的高速发展，我国所承担的全球环境问题和跨界环境问题的压力也不断加大。在国际环境领域里也存在着对中国环境问题的种种偏见和曲解，因此环境问题不仅影响着中国社会的可持续发展，而且阻碍了中国和平崛起的国际战略。我国环境保护面临着来自国内、国际的双重压力与挑战，呈现出“双向影响严峻、内外利益攸关、国际形象关切、大国责任凸现、挑战机遇并存”的局面。[1]

因此，中国作为世界上的环境大国，必须正视国内的严峻环境形势，搞好本国的环境综合治理，妥善处理经济发展与环境保护的关系，实现环境、经济、社会的和谐发展，向世界树立负责任的大国形象。

二、环境保护上升为中国的基本国策和民生问题

在冷战后二十多年的时间内、尤其是在加入了 WTO 之后，中国经济实现了快速持续增长；2008 年开始的国际金融危机重新调整了世界经济格局，改善能源结构、推动绿色发展成为了各国应对危机、拉动内需的重要手段；发展中国家特别是新兴市场国家开始整体步入上升期，中国的经济与社会发展面临着战略转型的历史机遇。中国目前是全球第二大经济体、第一大商品贸易国、第一大外汇储备国、第三大对外投资国，并成为近一百三十个国家的最大贸易伙伴，在世界经济格局和全球产业链条上的地位实现了历史性的飞跃。但是，在中国经济持续快速增长的背后，必须意识到中国在发展市场经济、实现对发达国家的快速赶超战略过程中，所付出的巨大的资源环境代价。

与此同时，随着中国的经济实力的不断提高、中国国内经济与世界经济机制的不断融合，中国的国际空间不断扩大、国际影响力不断提高，中国在全球范围内的国际责任也随之加重。以美国为代表的西方发达国家，为了在未来的国际领域中维护自己的霸权地位，一方面利用其技术和资金优势，向中国输出环境技术，转移污染企业，实行资源掠夺，规避本国发展经济的环境风险，开拓中国的环境保护市场，提高其在 21 世纪绿色

〔1〕“李干杰在 2013 年全国环境保护国际合作工作会议上指出　探索环保国际合作新道路”，载《中国环境报》2013 年 5 月 22 日，第 1 版。

经济中的主导权；另一方面，为了阻碍中国经济进一步发展和中国国际影响力的进一步扩大，刻意忽略中国的发展与环境问题的历史背景，肆意歪曲中国在国际领域的国家形象；同时利用其对国际机制的控制权与话语权，以气候变化问题、“绿色壁垒”问题为手段，利用环境问题对中国不断施加压力，力图阻碍中国的进一步发展和壮大。

中国在周边地区的环境问题、环境开发以及中国跨国公司在海外的能源合作，也引起了一些国家在环境问题上对中国的指责和非议。例如：中国在东北亚地区的酸雨和沙尘暴问题，引起了日本政府的强烈不满；中国在大湄公河次区域的环境开发，引发了泰国、老挝、越南和柬埔寨等东南亚四国就2010年旱灾问题的归责争议；中国与苏丹在达尔富尔的能源合作，引起了西方人权组织认为中国向非洲进行环境掠夺的不实指责。这些问题的存在加大了中国在环境问题上的外部压力。

为适应国内外形势的发展，应对国内、国际领域的环境问题压力，实现中国经济的快速、稳定、持续增长，以及国际地位的整体提升，冷战后，中国在经济发展与环境保护的关系方面，开始实行战略性转型。

温家宝总理在2006年第六次全国环境保护大会讲话中，首次明确了经济发展与环境保护的相互关系的转变，将环境保护提高到与经济发展并重的同等地位，并丰富了环境保护的内涵；将环境保护上升到了环境治理的高度；将我国面临的环境问题概括为“我国环境形势依然十分严峻。长期积累的环境问题尚未解决，新的环境问题又在不断产生，一些地区环境污染和生态恶化已经到了相当严重的程度”，并在解决途径上提出要实现三个关键性的转变，即从重经济增长轻环境保护转变为实现二者并重，从环境保护滞后于经济发展转变为实现二者同步，从主要用行政办法保护环境转变为环境问题的综合治理。[1]

2007 年，胡锦涛同志在党的十七大报告中首次提出了生态文明的概念，而在此之前党的十五大报告并未涉及我国面临的环境问题，只是作为贯彻三个代表重要思想的十大任务之三"全面建设小康社会的奋斗目标"的一个具体做法，提出了实现人与自然和谐，推动整个社会走生态良好的文明发展道路；[2] 十七大报告将环境保护纳入我国的基本国策，将其上升为关系到人民切身利益和民族存亡发展的高度，指出"坚持节约资源和保护环境的基本国策，关系人民群众切身利益和中华民族生存发展。必须把建设资源节约型、环境友好型社会放在工业化、现代化发展战略的突出位置"[3]；报告提出要转变经济发展方式，实现人与自然的和谐共处，解决人民群众"最关心、最直接、最现实的利益问题"。

2010 年中国政府工作报告中，提出了 2010 年的 8 项主要任务，其中第 3 项是加快转变经济发展方式，调整优化经济结构；并提出了转变经济发展方式的五项具体做法，其中第 4 项是"打好节能减排攻坚战和持久战"，并鼓励外资向节能环保产业流动。[4] 强调了环境问题的严峻性和持久性，以及我国经济与

---

〔1〕 温家宝在第六次全国环境保护大会上讲话："全面落实科学发展观　加快建设环境友好型社会"，载人民网，http：//house. people. com. cn/lddt/xinwen/060424/article_ 1839. html.

〔2〕 江泽民在党的十六大上所作的报告："全面建设小康社会，开创中国特色社会主义事业新局面"，载新华网，http：//news. xinhuanet. com/newscenter/2002 －11/17/content_ 632260. htm.

〔3〕 "胡锦涛在中国共产党第十七次全国代表大会上的报告"，载新华网，http：//news. xinhuanet. com/newscenter/2007 －10/24/content_ 6938568_ 9. htm.

〔4〕 "温家宝所作政府工作报告（十一届人大三次会议）"，载中央人民政府网站，http：//www. gov. cn/2010lh/content_ 1555767. htm.

发展的战略转型方向之一：节能减排。2011 年，温家宝总理在第十一届全国人大第四次会议政府工作报告中指出：“经济增长的资源环境约束强化”，并将其列为我国发展中不平衡、不协调、不可持续问题的首位；提出“要扎实推进资源节约和环境保护。积极应对气候变化。加强资源节约和管理，提高资源保障能力，加大耕地保护、环境保护力度，加强生态建设和防灾减灾体系建设，全面增强可持续发展能力”，并将其独立列入了“十二五”规划中 8 项主要目标的第 5 位。[1] 在此基础上，环境治理在我国经济与社会发展整体转型中的战略地位得到了进一步的明确和提高，被提升到了民生问题的高度，成为我国未来 5 年经济与社会发展的前提和基础以及我国未来经济和社会发展转型规划中的主要任务之一。

十八大以来，中国提出了系统的生态文明建设体系，将生态文明建设上升到总体布局的高度，并摆在了突出位置；将生态环境质量纳入公共产品范畴，强化了政府提供生态产品的职责；修订《环境保护法》，以法律形式将环境保护确认为基本国策；为经济发展设置生态底线，强调要以生态文明理念引领经济社会发展，切实做到经济效益、社会效益、生态效益同步提升；在经济与社会发展的战略规划中，将大力发展绿色产业、实现绿色增长作为中国未来经济发展的增长点和驱动力。

冷战后伴随着我国经济与发展的战略转变，环境问题日益得到了我国政府的重视，环境保护问题在我国经济与发展转型中的战略地位日益提高，上升到国家的基本国策、人民的切身利益、政府职责的主要目标、实现经济与社会发展转变的主要

---

〔1〕“温家宝所作政府工作报告（十一届人大四次会议）”，载中央人民政府网站，http：//www. gov. cn/2011lh/content_ 1825233. htm.

任务的高度。环境保护被作为经济发展的前提和机遇，生态文明建设被提高到与经济建设同等重要的位置。环境保护在中国政治生活中，得到了更大的经济保障、政治保障、法律保障和社会保障，获得了更广阔的政治空间和社会空间。

三、环境外交在中国外交格局中的地位由边缘转向主流

冷战后，中国国内环境治理逐渐摆脱了为经济建设服务的从属地位，在国家政治生活和中国经济社会转型中获得了独立发展空间，在国家政策和行政组织中的地位日益提升。中国经济社会发展的战略转型为中国环境外交提出了新要求，即保障国内环境治理需求和国内环境治理能力之间的动态平衡，为国内经济发展与环境治理的历史性转变营造良好的国际氛围，推动中国外交总体工作的战略转型。为适应内政的转变需求，中国环境外交在中国外交格局中的角色定位得到了相应的调整，逐渐由边缘向主流转化。

2007 年，胡锦涛同志在党的十七大报告中针对我国的外交工作，提出了构建和谐世界的基本目标和基本理念，并对其内涵进行了详细的解读。构建和谐世界，是构建和谐社会思想在中国外交领域里的延伸和发展，是中国进行外交战略转型、实现和平崛起必须遵循的基本外交理念。其具体内容有七项，包含从对国际机制的遵守上、政治上、法律上、经济上、文化上、安全上、环保上等构建和谐世界的具体内容。具体到环境外交方面，报告提出了："环保上相互帮助、协力推进，共同呵护人类赖以生存的地球家园。"[1]从而以党的正式报告的形式，在明确中国外交转型的基本方向和理念的同时，更新了中国环境外

〔1〕"胡锦涛在中国共产党第十七次全国代表大会上的报告"，载新华网，http：//news. xinhuanet. com/newscenter/2007 -10/24/content_ 6938568_ 9. htm.

交的指导思想和基本理念；明确了中国环境外交的历史地位，即中国构建和谐世界的当然组成部分和中国外交工作的重要组成内容。

2011 年，时任中国外交部部长的杨洁篪在十一届全国人大三次会议上，总结中国 21 世纪头十年外交事业发展的讲话中，进一步印证了这一基本理念："我们在有效抵御国际金融危机、积极应对气候变化等方面发挥了重要的建设性作用。因此，世界更加关注中国，更加重视中国在国际社会上所发挥的建设性作用。"〔1〕突出了中国环境外交对于国际社会和中国外交的贡献，彰显了中国环境外交在中国外交工作中的重要地位。

十八大以后，中国外交格局的整体转型和生态文明建设体系的确立，为环境外交的战略转型，提供了关键性的历史契机。

首先，确立了中国特色大国外交战略，标志着中国外交工作进入新的历史起点。在中国外交工作的未来发展中，将以"中国理念、中国实践、中国贡献、中国作用"重新建构中国与世界的关系，深化开展全方位对外交往，建立以合作共赢为核心的新型国际关系，"旨在走出一条与传统大国不同的强国之路。"〔2〕

其次，在中国特色大国外交战略中，提出总体安全观的对外延伸，突出了周边外交在外交全局中的重要地位，明确提出了共同、综合、合作、可持续的亚洲安全观。在中国总体安全观和亚洲安全观中明确提出了生态安全，将其列入了公共安全产

---

〔1〕"杨洁篪：中国外交事业蓬勃发展　世界更加关注中国"，载新华网，http：//news. xinhuanet. com/politics/2010－03/07/content_ 13114896. htm.

〔2〕" 盘点 2014：中国外交丰收之年——王毅出席 2014 年国际形势与中国外交研讨会开幕式并发表演讲"，载外交部网站，http：//www. fmprc. gov. cn/mfa_ chn/ziliao_ 611306/zyjh_ 611308/ t1222375. shtml.

品，并在亚洲安全观中解读了地区安全与发展之间的关系，即发展是安全的基础，安全是发展的条件，“对亚洲大多数国家来说，发展就是最大安全，也是解决地区安全问题的‘总钥匙’”[1]。

最后，在中国特色大国外交战略中，明确了环境外交的基本原则、立场和主要任务，即中国始终是发展中国家，代表发展中国家立场，坚定维护发展中国家的正当权利和共同利益，致力于提高广大发展中国家在国际治理体系中的代表性和话语权、推动国际关系民主化和世界多极化进程；外交工作必须紧紧围绕国内发展这个大局，为此营造更为稳定、更加友善的外部环境；将中国定位为亚洲安全稳定的建设者、国际发展事业的贡献者；提出要积极主动地为亚洲地区提供生态安全等公共安全产品，并通过积极参加联合国气候峰会，积极参与制定2015年后发展议程，为应对气候变化等全球性问题提出中国方案、贡献中国力量；全力建设美丽中国，为建设美丽的地球家园作出更大的贡献。[2]

中国环境外交，适应中国经济发展与外交战略转型的需要，在中国外交格局中的地位，由边缘逐渐向主流转变。

伴随着中国生态文明建设体系的确立，发展绿色经济、实现绿色发展为中国经济发展提供了新的增长点和驱动力，建设

---

〔1〕“习近平：积极树立亚洲安全观　共创安全合作新局面——在亚洲相互协作与信任措施会议第四次峰会上的讲话”，载外交部官网，http：//www. fmprc. gov. cn/mfa_ chn/ziliao_ 611306/zyjh_ 611308/ /t1158070. shtml.

〔2〕根据“王毅：可持续发展是实现中国梦和人类进步的必由之路——在联合国可持续发展高级别政治论坛对话会上的发言”，“ 2014，中国特色大国外交风生水起”，“习近平：积极树立亚洲安全观 共创安全合作新局面——在亚洲相互协作与信任措施会议第四次峰会上的讲话”整理，载外交部网站，http：//www. fmprc. gov. cn/mfa_ chn/ziliao_ 611306/zyjh_ 611308/default. shtml.

生态政治成了中国当代政治的重要内容。国内生态文明建设对中国环境外交的发展提出了更高的要求：环境外交工作必须适应中国经济社会战略转型的需要，及时进行战略性调整，将工作重心进行相应的转移，即在继续发挥原有的为中国生态文明建设提供外来资金、技术和智力支持的基础上，推动中国外交工作在国际环境治理体系中发挥建设性作用，在国际环境领域塑造环境治理的“中国话语”、“中国模式”和“中国道路”的功能，实现中国环境外交由走出去（向世界学习）、引进来（引进西方环境治理经验、融入世界）到走出去（开始建构国际环境机制、在一定程度上引领世界）的关键性战略转变，从而推动中国生态文明建设和中国外交工作的整体发展。

结语：冷战后，随着中国综合国力和国际影响力不断上升，中国与世界的关系发生了历史性变化，中国环境治理与全球环境治理日益紧密地联系在了一起。伴随着冷战后国际环境领域利益格局的重新调整，中国国内经济发展进入战略转型阶段，环境保护上升为中国的基本国策和民生问题，被纳入到中国特色社会主义建设“五位一体”战略布局，获得了与经济发展同等重要的地位；中国生态文明建设的发展与中国特色大国外交战略的提出，为中国环境外交的发展提出了新的要求。在国际、国内环境的交互作用影响下，中国环境外交在国际环境领域的角色发生了转变、在中国外交格局的地位中由边缘转向主流。中国环境外交正处于完成战略性转型的关键阶段，面临着实现历史性突破的发展契机，并在逐步走向成熟。

第四章

冷战后中国环境外交的战略重构

回顾冷战后中国环境外交的发展历程，中国环境外交已经取得了实质性发展，具备了实现战略转型的观念基础、社会基础和制度基础；分析冷战后中国环境外交的内外环境，中国环境外交已经具备了实现战略转型的内外动力；反思冷战后中国环境外交的发展进程，中国环境外交在国际、国内和自身发展上还存在着诸多的现实性局限。因此，必须理性评估环境外交在中国环境治理、中国外交工作乃至全球环境治理中的地位和作用，重新整合环境外交的各种资源，系统重构中国环境外交的发展战略，实现中国环境外交战略转型由可能性向现实性的历史飞跃。

重构中国环境外交的发展战略，首先必须明确生态文明建设体系和中国特色大国外交战略确立后，环境外交在中国环境治理和外交工作中的战略定位，适应中国国内经济社会发展的战略重点的转移，将环境外交摆在中国未来外交战略格局中的突出地位，发挥环境外交在中国发展公共外交、构建新型国际关系中的重要作用；其次要界定环境外交的主要领域和重点问题，建立问题管理模式，理性规划中国在国内、区域、全球环境治理中面临的主要问题、应承担的主要责任；再次要完善环境外交能力建设机制，加强环境外交的实力建设和外交渠道的拓展，完善环境外交的统筹机制、协调机制、沟通机制和公关机制，提高环境外交在全球化、信息化社会中的制度适应能力和风险管理能力；最后要构建环境外交的支持保障系统，提高对环境外交的政策激励、智力支持、社会参与与物质保障，巩固环境外交的观念基础、制度基础和社会基础。

第一节　冷战后中国环境外交的战略定位

中国外交工作的首要任务，就是要维护中国的核心利益，即维护国家基本制度和国家安全，维护国家主权和领土完整，维护国家经济社会的持续稳定发展。反思冷战后中国环境外交的发展进程，环境外交工作已经涉及国家核心利益的维护，中国环境外交的未来发展直接关系到国家的环境安全、环境主权和发展权利的维护，因此，在中国外交的未来发展进程中，必须突出环境外交在中国外交发展战略中的重要地位，进一步地整合现行环境外交政策，制定明确系统的环境外交战略；并通过积极开展环境外交，维护国家的环境主权和环境安全、争取国家的发展权利，坚定维护发展中国家的正当权利和共同利益，提高广大发展中国家在国际环境治理体系中的代表性和话语权、推动国际关系民主化和世界多极化进程，在国际环境领域中实现国家间的“互利共赢”，促进现有国际环境机制朝着更加公正合理和更具包容性的方向发展。

一、环境外交发展战略涉及国家安全、主权和发展权利的维护

（一）环境外交涉及国家安全的维护

由于冷战后全球环境问题的日趋严峻，美国、日本早在20世纪90年代就建立了国家环境安全战略，并通过积极开展环境外交，实现其环境安全战略在区域和全球范围内的扩张，扩大其在国际环境领域的国家影响，从而赢得了在国际环境机制中的主动权。例如：日本在1989年的《环境外交蓝皮书》中，就已经将环境问题作为日本全球性外交课题之一，并在内政中将其逐渐上升到国家安全高度；通过开展环境外交，推进日本环境政策的国际化，从而取得了1992年环境与发展大会的先机，在国际环境领域抢先获得了世界环保事业的领导权和“环保超级大国”的赞誉。[1] 而美国在1991年就将环境纳入了其国家安全利益之中，并在1997年公布了《环境外交报告》，将环境问题定位为美国所面临的政治与经济挑战的中心问题，将环境保护定位为制定美国环境外交政策的中心因素，并详细制定了对外战略，在地区、全球范围内推进美国的环境安全政策。

与美国、日本相对比，中国环境安全战略提出较晚，虽然还没有形成专门的环境外交报告或者系统的环境外交战略，但是涉及环境安全的提法已经多次出现在国家领导人的讲话指示以及外交部的官方年度报告中，比较有代表性的有：江泽民同志在1996年作出了“确保环境安全”的重要指示，指出环境保护是关系我国长远发展的全局性的战略问题，要作为强国富民安天下的大事来抓；胡锦涛同志在2003年强调指出：“环境保护

---

〔1〕 丁金光：《国际环境外交》，中国社会科学出版社2007年版，第176页。

工作要着眼于让人民喝上干净的水、呼吸清洁的空气、吃上放心的食物，在良好的环境中生产生活”[1]；2007年版的《中国外交白皮书》强调：“传统安全作为国家安全形势的主导因素再度突出的同时，非传统安全威胁在全球范围内人普遍存在。”

习近平同志2014年在亚洲相互协作与信任措施会议第四次峰会上的讲话的标题，就是“积极树立亚洲安全观，共创安全合作新局面”。报告提出要“积极倡导共同、综合、合作、可持续的亚洲安全观”，“要统筹维护传统领域和非传统领域安全”，并将环境安全明确地列入到了非传统安全中，进一步明确了环境安全在中国国家安全体系中的独立性与重要作用。

此外，我国通过环境外交实践植入了环境权、排污许可制度、环境知情权、环境影响评价制度以及生态补偿、循环经济等法律概念，并以国内立法的形式，将环境保护确认为国家主权、发展权、生存权的重要内容和重要条件，将其吸纳为国家重要的安全问题。在此基础上，环境问题被明确地纳入中国国家安全战略体系中，环境安全已经成为我国目前面临的非传统安全威胁中的一项重要内容。

（二）环境外交涉及国家发展权利的维护

随着环境问题的全球化蔓延，以及中国国内工业化、城市化的发展，近几年我国的环境问题呈不断恶化趋势，从2007年到2014年，我国国内的地震、旱灾、水灾等自然灾害总体上呈不断加剧的趋势，与工业污染、农村污染、城市污染相互叠加累积，直接威胁到中国经济与社会的发展，并已触及到中国环境容量的底线。以2010年统计的自然灾害为例：“迄今为止中国

---

[1] “胡锦涛：在中央人口资源环境工作座谈会上的讲话”，载新华网，http：//news.xinhuanet.com/zhengfu/2004－04/05/content_1400543.htm.

70%以上的城市、50%以上的人口分布在气象、地震、地质、海洋等自然灾害严重的地区。2/3以上的国土面积受到洪涝灾害的威胁。约占国土面积69%的山地、高原区滑坡、泥石流、山体崩塌等地质灾害频繁发生。大陆地震占全球1/3，中国是世界上大陆地震最多的国家。"[1] 在2010年，中国因自然灾害造成的直接经济损失居世界第一位。联合国减灾科技委员会的报告中这样描述中国："这是世界上自然灾害最严重的少数国家之一；从有人类记录以来，旱涝灾害、山地灾害、海洋灾害每年都在中国发生。"[2] 自然灾害的频发耗费了大量的人力和物力，增加了中国经济发展中的不安全、不确定性因素。

与此同时，中国国内的空气、水、和土壤都受到了严重的污染，直接威胁到人民的生命安全；经济发展过程中引发的环境安全问题，引发了社会对于发展成果的质疑、对于发展终极价值的思考，以及对于发展质量的更高层次的追求。《人民日报》曾就此展开评论，"环境就是民生"，人民"从求生存到求生态，从盼温饱到盼环保，人民群众对干净水质、绿色食品、清新空气等需求更为迫切"，环境问题作为当前中国社会生活中一个显性的、普遍性的安全问题，在社会生活和政治生活中被设定为发展过程中的安全威胁和环境挑战。胡锦涛、温家宝、习近平、李克强等国家领导人多次就大气、水和土壤污染问题公开发表意见，并将大气、水、土壤的安全问题作为中国经济社会发展中的资源环境制约因素、突出的重点的问题，进行专

---

〔1〕"历史灾难中实现历史进步——2010年中国自然灾害警示录"，载新华网，http://news.xinhuanet.com/politics/2010-09/09/c_12536801.htm.

〔2〕"历史灾难中实现历史进步——2010年中国自然灾害警示录"，载新华网，http://news.xinhuanet.com/politics/2010-09/09/c_12536801.htm.

项立法和专项治理。

此外，2011 年 3 月发生的日本海啸及其引发的核泄漏问题，触目惊心的后果，以及在国内、国际引发的社会震荡，进一步向全世界证实了：环境问题不再仅仅是一国治理的技术问题，而是关系到国家安全、健康、有序发展的前提和基础。中国在经济结构调整的过程，能源结构发生了相应的调整，发展清洁能源已经成为中国的现实选择。目前中国也正在加速对核电的开发和利用，民用核安全问题成了中国发展过程中必须面对的、隐藏的环境安全问题，如何在发展过程中实现既能够保障清洁而充足的能源供应、又能够实现中国与周边国家的安全和稳定，将是中国未来发展中必须探讨和解决的难点问题，也是国际社会在环境与发展领域中关注的重点问题。

因此，中国环境外交维护的不是辅助国家经济与社会发展的次要利益，而是关系到中华民族永续发展的核心利益，保障的是中国经济与社会发展的基本前提，承载的是中国外交工作的首要任务。

（三）环境外交涉及国家主权的维护

冷战后随着环境问题逐步成为国际关系的重要议题，国家间在国际环境领域的利益竞争进一步加剧，环境利益日益成为国家主权中的核心内容。具体体现为：随着市场经济的全球化拓展，全球的资源与能源形势日益紧张，对于稀缺资源的占有和对国家能源安全的保障，直接影响到国家的经济发展和主权安全；西方发达国家为了保障本国的经济发展和环境利益，在保护本国的自然环境和资源时，利用国际环境与贸易领域的不公平的旧秩序以及本国的资金优势滥用发展中国家的资源，向发展中国家实行生态掠夺，或者将污染产业转移到发展中国家或将污染物（工业垃圾、核废料）有偿转移到发展中国家去掩理，破坏这些国家的环境，或者利用“绿色壁垒”规则干涉发展中国家对于国内的自然资源行使主权；同时由于环境问题的全球化蔓延，在冷战后环境外交的实践中，逐渐模糊了国家边界的概念，对传统的主权概念提出了挑战。例如：跨界环境污染问题、全球环境合作开发问题、气候变化问题等全球性环境问题的治理，都涉及国家在国际环境领域的主权的具体行使，国家对疆域内的环境保护与资源利用完全属于主权范围之内的事务，然而，环境污染的扩散性和跨疆域性则侵蚀了他国的环境；此外，国际环境领域的法律化趋势，也使得发展中国家和弱小国家越来越重视在国际环境领域中维护国家主权，并以国家主权作为屏障，阻止西方发达国家利用其所操控的国际环境机制来实施对发展中国家的资源掠夺和主权干预。

具体到中国环境外交的具体实践，我国防御“绿色壁垒”、阻止西方发达国家向我国转移污染企业，就是在维护我国的自然环境主权；我国利用环境外交防止发达国家对我国的稀土等资源进行生态掠夺，就是在维护中国对于国内自然资源的永久主权；同时我国制定了《中国21世纪议程》、《中国海洋21世纪议程》，并积极加入和履行《生物多样性公约》和《联合国防治荒漠化公约》等国际环境公约，就是为了维护人类共同利益，而将国家对于自然资源的开发主权置于了国际环境公约的约束之下；同时我国对松花江水污染事件、大湄公河次区域水资源开发问题、东北亚地区的酸雨和沙尘暴等问题的区域合作治理，就是我国对在我国主权管辖下的国际环境问题主动承担的环境治理责任；我国对于“中国环境威胁论”、“中国环境责任论”等言论的斗争，在国际气候变化领域节能减排中坚持“共同而有区别的责任”原则，都是立足于我国的具体国情，反对利用国际舆论干扰我国内政，在国际环境领域维护国家独立自主地行使主权的行为。

冷战后随着全球生态环境的进一步恶化，环境问题与区域冲突的联系愈来愈紧密，如中东因石油争夺而引发了战争、中东和南亚历史上长期存在着水资源之争；环境问题与贫困、人权、主权问题日益纠结在一起，环境问题引发的大规模环境难民，极有可能引发区域贫困问题、人道主义危机问题、对一国领土的冲突问题。在环境问题引发的跨界污染问题中，最严峻的当属国内核泄漏的跨界污染问题，其毁灭性的后果严重危及了周边区域国家的主权安全。针对这一问题，我国主动建构亚洲安全共同体关系，致力于维护周边地区的安全与稳定；积极参与制定 2015 年后发展议程，为应对气候变化等全球性问题提出建设性方案，构建国家安全战略；中国通过维护区域、全球环境安全，进而维护了中国周边地区和全球的和平与发展，在区域和全球治理中有效地行使了国家主权，并为国家主权的行使营造了相对稳定的外部环境。

综上所述，冷战后中国环境外交的发展，对于维护国家的主权利益具有不可替代的重要作用。

进入 21 世纪，随着中国工业化、城市化的高速发展，环境治理在国家政治、经济和社会生活中的地位不断上升：环境问题在国内政策上已经上升到了民生问题的高度，环境保护已经成为我国的一项基本国策。十八大以来，开展生态文明建设、完善环境治理体系成了中国实现经济发展战略转型的根本要求和重要着力点，也对外交工作提出了新问题、新要求。环境治理在中国国内政治中实现整体地位提升的前提下，中国在制定外交发展战略时，必须适应国内政治经济社会发展战略转型的需要，适时调整环境外交在中国外交格局中的角色和地位，将其提升为中国外交工作的重要着力点，丰富和完善中国生态文明建设的理论与实践，推动中国经济社会发展的战略转型，维护国家经济社会发展的持续稳定。

二、明确环境外交的战略定位

冷战后中国环境外交的未来发展涉及国家环境利益的维护，关系国家环境安全利益、环境主权利益和发展利益的实现，关系到国家的核心利益，关系到中华民族的永续发展，是国家制定对外关系框架中必须要重点关注的问题。中国外交工作在落实科学发展观的具体要求、推进构建和谐世界的大国战略时，必需坚定维护国家在国际环境领域中的核心利益；在我国成功地融入国际机制，并日益发挥对于国际机制的建设性作用的同时，必须在国际环境领域中坚决维护国家的核心利益与人类的共同利益，争取实现利益共赢。因此，环境外交工作既是中国外交工作未来发展的一项重要内容，也为中国外交面向未来、走向世界提供了新的视角和舞台。在中国特色大国外交战略的建构过程中，应该适应中国国家利益发生的调整和变化、中国生态文明建设的需要，将环境外交的发展纳入中国外交工作的主流，并在外交工作中突出其重要地位，将其作为中国21世纪实现和平崛起战略的一个重要突破点。

但是，在当前中国外交实践中，环境外交发展的现实与所承载的价值之间存在一定的落差，环境外交在外交格局中受到的关注和获得的认同与其所作出的历史贡献和发挥的实际作用严重不符。与在国际环境外交中共同起步的美国、日本等国家相对比，冷战后中国环境外交的发展虽然取得了先发优势，却没有取得在国际环境领域的领先地位，在国家外交实践中没有引起足够的重视、获得相应的政策关注。究其原因，一方面是由于我国属于国内环境治理的后发国家，由于国家发展阶段的限制和国内治理结构的欠缺，对于环境外交的重视不够、推动不足，在环境治理体系的建构和建设中，将更多的关注集中于国内环境治理，而忽视了环境治理体系中内政、外交工作之间的相互关系和互动建构；另一方面是由于我国对于环境外交的管理机构分散、理论研究滞后、观念建构不足，在21世纪国际环境外交蓬勃发展的国际形势下，中国环境外交的基本政策框架还停留在《全球环境保护国际合作工作（1999～2002）纲要》的阶段；中国环境外交的政策定位还仅局限于为国内环保系统能力建设服务的从属地位，将环境外交弱化为环境保护的国际合作内容，《中国外交白皮书》中也没有专门的环境外交的提法和发展规划；中国环境外交的政策体系缺乏有效的整合，对于环境外交与环境保护国际合作、环境安全战略之间的关系缺乏明确的界定。

反观国际环境外交的发展和中国环境外交的实践，气候变化问题的谈判已经成为世界各国整体实力竞争的新领域，对于中国等新兴市场国家和发展中国家的经济与社会发展影响越来越强烈；应对自然灾害、治理环境污染、保障核安全、实施对外环境援助，已经成为提高国家综合实力、增强外交能力与维护国际形象的重要内容；环境治理虽然在中国内政中的地位实现了历史性的飞跃，但其治理能力从总体上尚不足以满足中国国内急剧上升的环境治理需求，从而为环境外交的发展提供了内在的需求和动力；同时国内环境治理能力的改善和提高，也要求环境外交工作的能力作出相应的提高，以便更好地维护国内环境治理的成果，提高国家在国际环境领域中的影响力和话语权。

因此，环境外交工作需要及时地作出有针对性的战略性调整，既要为国内环境治理继续引进资金、技术和治理经验，同时又要通过对外交流促进和规划中国环境治理中的社会参与，及时应对中国企业发展新能源和实施“走出去”战略过程中所引发的国际环境问题，完善国内、区域、全球的环境安全共同体战略、巩固中国的国际地位和国家影响。

同时，中国外交工作也应该适应国际、国内形势的需求，适时调整环境外交在中国外交发展战略中的地位，借鉴德国、美国、日本等环境大国的先进经验，在年度外交计划和外交白皮书中明确环境外交的地位和目标，发布专门的环境外交发展战略纲要，为环境外交制定明确的国际发展战略，明确其基本定位、主要任务、主要领域、战略重点、在国际和国内不同层次中的目标和策略，以推动中国环境外交在现有国际环境机制框架中发挥建设性作用，在国际环境领域中建构环境治理的中国话语体系和中国模式、中国道路。

第二节　中国环境外交实现发展转型的战略重点

在明确环境外交在中国环境治理和中国特色大国外交战略中的独立地位和重要作用的前提下，需要根据环境外交与国内环境治理、国际环境机制之间的互动关系，进一步明确中国环境外交实现发展转型的战略重点，界定这一阶段中国环境外交的主要领域和重点问题，建立问题管理模式，理性规划这一阶段中国在国内、区域、全球环境治理中面临的主要问题、应承担的主要责任。

一、明确中国环境外交实现发展转型的战略重点

中国环境外交在这一阶段的战略重点主要体现为以下三点：

1. 在世界分化、调整、重组以及中国国家实力上升的背景下，适应中国生态文明建设和中国特色大国外交战略建设的需

要，及时调整环境外交的工作重点，实现环境外交工作关键性的战略突破；突出环境外交在中国环境治理和中国特色大国外交战略中的独立地位和重要作用，系统建构环境外交与国内环境治理、国际环境机制之间的互动关系，整合现有环境外交的政策资源、智力资源、信息资源和社会资源，制定独立、明确、系统的环境外交战略。

2. 在国际环境领域里“有所作为”，积极维护国家的环境主权和环境安全、争取国家的发展权利，为中国生态文明建设和经济社会发展营造更为稳定和友善的外部环境；针对国际环境领域中的区域、全球热点问题提出建设性方案，在国内、区域、全球环境治理中承担和践行“共同的有区别的责任”，在国内、区域、全球环境治理中诚实履行国际承诺，在国际环境领域中积极建构包容、稳定、公正、有序的区域和全球命运共同体关系，树立和强化中国作为“亚洲安全稳定的建设者、国际发展事业的贡献者”的角色，推动全球环境治理的深化、世界和平与发展的进程。

3. 将环境外交作为开展新型大国外交、构建新型国际关系的突破点，在开展全方位外交过程中打好绿色外交牌，在国际环境领域中突出环境问题的公益性，促进南北对话和南南合作，引导国际社会正确全方位解读环境与发展之间的关系、理性评价发展中国家在全球环境治理中存在的问题和做出的贡献，塑造和彰显环境治理的“中国话语”、“中国道路”和“中国模式”，努力提高广大发展中国家在国际环境治理体系中的代表性和话语权，在现有国际体系和合作框架中积极构建合作共赢的新型大国关系和新型国际秩序，推动国际体系朝着更加公正合理和更具包容性的方向发展。

二、建立环境外交的问题管理模式

中国环境外交在主要领域的划分上，已经初步实现了与国际环境机制的接轨。1989 年的《环境保护法》将环境问题归纳为自然资源和生态环境问题以及环境污染和其他公害问题；将环境界定为影响人类生存和发展的各种天然的和经过人工改造的自然因素的总体，包括大气、水、海洋、土地、矿藏、森林、草原、野生生物、自然遗迹、人文遗迹、自然保护区、风景名胜区、城市和乡村等；将环境污染和公害问题界定为在生产建设或者其他活动中产生的废气、废水、废渣、粉尘、恶臭气体、放射性物质以及噪声、振动、电磁波辐射等对环境的污染和危害。2015 年 1 月 1 日施行修订后的《环境保护法》继续沿用了这一界定方法。

《全球环境保护国际合作工作（1999～2002）纲要》中列举的中国应对的全球性热点环境问题主要有：气候变化、生物多样性保护、臭氧层保护、有害废物越境转移、海洋、森林和荒漠化问题等，但其对于每一领域主要问题的具体应对没有作出进一步的规定；我国制定的 1996 年的《中国海洋 21 世纪议程》、2002 年的中国履行《生物多样性公约》国家报告 、2007 年的《中国应对气候变化国家方案》、《中国应对气候变化的政策与行动 2014 年度报告》等文件，虽然针对具体领域的国际合作对环境外交有所涉及，但是只是提出了目标和方向，其实施的具体方案不明确、不具体。

《国家应对气候变化规划（2014～2020 年）》就应对气候变化的具体领域的环境外交工作进行了系统规划，提出要深化气候变化领域的国际交流与合作，并明确了这一领域环境外交的主要任务，即推动建立公平合理的国际气候制度、加强与国际组织和发达国家合作、大力开展南南合作；并特别强调了要相应加强教育培训和舆论引导，将应对气候变化纳入国家对外宣传重大活动计划，为应对气候变化营造良好的国际舆论环境。《国家应对气候变化规划（2014～2020年）》在应对气候变化问题上对于系统建构中国环境外交战略，作出了有益的尝试，但在环境外交的专业用语上，还保留着《全球环境保护国际合作工作（1999～2002）纲要》的习惯，将环境外交等同于关于环境问题的国际交流与合作，在一定程度缩小了环境外交的权责和范围。

从总体上看，中国目前环境外交工作的政策体系中，缺乏对于环境外交发展的全局性战略规划，尤其是在生态文明建设体系和中国特色大国外交战略确立后，对于环境外交应作出的调整及其在不同领域中的工作目标缺乏分层次、有针对性的政策指引，对其主要内容的规定多数局限于缔约履约、开展国际合作、引进资金技术等泛泛的规定，对中国环境外交在不同领域涉及环境问题的特点，以及在不同问题谈判中在国际环境领域应对的具体策略，缺乏深入细致的分析和详尽周密的策划。

反观1997年美国的《环境外交报告》，美国运用了问题管理模式，将威胁到美国国家利益的环境问题划分为全球性、区域性和双边领域两个层次：全球性领域的重点是气候变化、有毒化学物品和杀虫剂、生物多样性、森林减少和海洋退化等五类环境问题；区域和双边领域的重点是水资源、空气质量、能源、土地利用、城市和工业增长等，并且对每一层次的具体环境问题提出了明确的战略对象和具体的应对措施。对比起来，我国在环境外交的决策和实施上，缺乏前瞻性的发展战略和独立性的问题意识，只是满足于对国内环境治理问题的解决以及对国际环境机制的被动参与，对于在国际环境领域中的利益实现缺乏建设性的规划和主动性的拓展。因此，中国环境外交如果要实现历史性的突破，必须明确建立系统的战略规划，明确中国在不同领域中所要面对的主要问题，分析各领域问题的结构维度、属性、行为体特征和社会背景，有针对性地建立起环境外交的问题管理模式，在区域、全球范围内分层次、有重点、有步骤地推进中国环境外交战略。

三、界定中国环境外交在不同领域的战略重点

中国环境外交未来发展的战略重点，应根据中国经济社会发展战略转型的实际需要、中国生态文明建设中的主要问题，以及中国在全球、区域、双边环境外交领域中的实力、地位和具体利益来确定。

依据这一标准进行划分，我国在全球范围内所面临的紧迫性环境问题主要包括：气候变化问题、核与辐射安全问题、有害废物越境转移问题、生物多样性问题、海洋环境问题五类。

其中气候变化问题是我国在多边环境外交发展中的首要问题，我国必须借助经济实力的上升和世界经济格局的变化，在国际气候变化谈判中取得主动权。承担减排责任必须以具体国情和国家实力为前提，维护我国发展中国家的地位和权益；在减排问题上聚合发展中国家力量，尤其要重视与印度等周边发展中国家的合作，避免发展中国家内部的意见分歧和力量分化；积极争取部分发达国家，避免美国借口气候变化问题，对中国施加遏制和孤立；同时加强对气候变化引发的自然灾害的危机预防和对外援助，增进与周边邻国和发展中国家的互助合作，树立在气候变化领域负责任的大国形象；针对国内的大气污染典型问题，作好国际舆论的引导工作，争取支持和理解，消弭误解和分歧。

核与辐射安全问题是今后必然引起全球重视的另一环境问

题，中国要继续加强对国内核安全的管理，避免因核泄漏和核污染造成国内、国际的环境灾难和其他不利影响，完善对于核安全的国内立法，积极参与有关核安全的国际立法和国际合作，认真履行国际承诺，积极维护地区和全球的核安全，在核安全领域率先树立负责任的正面形象。对于核泄漏和核污染问题，在区域范围内发挥主导作用，在全球范围内争取话语权，联合发展中国家、国际组织和国际舆论的力量，督促有核国家加强对于核危机的预防，限制在国际关系中以使用核武器作为战争威胁的手段。

在有害废物越境转移问题、生物多样性问题中，我国环境外交的重点是要了解和把握国际环境领域的相关机制以及主要环境大国的国内环境标准，通过积极加强国内立法、完善国内环境标准体系、强化政策监管体系，来防止西方发达国家向我国转移污染、进行生态掠夺、实施外来物种入侵以及通过不公平贸易损害我国的生物多样性保护工作。同时积极加强与国际组织的合作，为预防有害废物越境转移和生物多样性保护争取资金、技术和舆论的支持，设立关于生物基因安全保护的专项问题管理机制。

海洋环境保护方面，重点应对海洋资源开发争议以及跨界海洋环境污染问题。

在区域与双边领域，我国环境外交应对的紧迫性环境问题主要有：一是水资源问题，重点是在南亚和东南亚地区的水资源开发和使用问题以及水污染问题，并且要重点预防因跨界资源开发和环境污染问题引发国家间的环境冲突；二是能源问题，重点要争取海域能源开发的主动、在西部的能源开发合作、与非洲和中东的能源开发合作，以及防止跨界能源泄漏污染；三是农村环境问题，包括土壤的退化、杀虫剂和农药的使用以及其他农业污染；四是工业污染和城市化问题，包括酸雨、光化学烟雾、噪声污染以及其他工业污染和城市污染问题；五是沙尘暴问题，涉及东北亚的区域合作以及中西部的沙尘暴治理；六是自然灾害的联合防控和危机管理问题、西部大开发中涉及的环境问题等；七是由上述问题引发的国际环境争议。

在我国环境外交问题管理模式的构建中，中国坚持发展中国家的角色和立场，以巩固南南环境合作为基石、以营造和推进周边区域环境安全共同体关系为首要目标、以营造和示范新型环境大国合作伙伴关系为重点，从而在全球范围内分层次、有重点地推进全球环境治理的发展。

第三节　冷战后中国环境外交的能力建设

在明确中国环境外交的战略定位和问题管理模式的前提下，还要进一步加强环境外交自身的能力建设：提高环境外交的实力、拓展环境外交的渠道、完善环境外交的机制。

一、提高环境外交的战略构建能力

提高中国环境外交的战略构建能力，首先，要在对国际环境机制、国内环境治理体系全局把握的基础上，结合中国的具体国情以及中国经济与社会发展转型的具体需要，总体把握中国环境外交的历史轨迹和发展特点，全方位、深层次、多角度地构建中国环境外交发展战略，提高中国环境外交战略的前瞻性、针对性和可行性，不能拘泥于应急性的具体问题、具体领域，而是要将环境外交整体明确地纳入中国外交的议事日程；其次，要提高环境外交的问题管理能力，区分中国在全球、区域和双边环境外交中应对的环境问题的轻重缓急，区分在不同层次、不同领域中国环境外交竞争与合作的对象，针对问题进行专门管理，制定具体外交目标，并进行过程控制；再次，要提高中国环境外交的议程设置能力，加强对环境外交人才的管理和培养，在环境外交人员的职业素质训练中，有目的地提高其国际政治与法律素养以及对中国国内环境治理的整体把握能力，在中国国内环境治理、国际环境机制中提高我国环境外交人员的参与决策和议程设置能力；最后，要加强对环境外交的观念建构能力，在环境外交理论研究中，加强对中国本土问题的研究，尤其是对中国传统文化和发展模式的研究，将中国传统文化、马克思主义思想中有关环境保护的思想、文化与中国环境外交的具体实践相结合，形成具有中国特色的环境文化、理念、制度和思想，在国际环境领域进行文化输出、观念建构，形成全球环境治理中的中国模式，提高中国环境外交在国际环境领域中的观念引导能力。

二、拓展环境外交的多轨渠道

拓展中国环境外交的多轨渠道，尤其是要畅通中国环境外交中民间外交的渠道，重点是要加强对环境外交多元主体相互关系的建构，鼓励国内环境外交的社会参与。

首先，要坚持中国政府在环境外交中的首要地位和主导作用，由政府制定环境外交政策以及环境外交的发展战略，并负责代表国家与国际组织、各国政府之间参与国际立法、履行国际条约、开展国际合作、解决国际环境争议等；要对环境外交在全球化和多元化趋势下所面临的信息安全问题、在国内国际范围内所面临的环境无政府主义的冲击保持足够的警惕，对于利用跨界环境交流进行反政府活动的行为要坚决予以抵制，并给予相应制裁；做好环境外交的管理工作，提高环境外交工作决策、协调和执行的效率与效能。

其次，要充分发挥国内环境非政府组织、跨国公司的辅助和补充作用，要以法律和政策形式，明确其在环境外交中的地位和作用，规范其在环境外交中的行为和活动界限，鼓励和扶持在国际上有影响力、在国内有代表性的中国环境非政府组织积极参与环境国际合作，开展环境研究、培训和教育，为政府的环境外交提供智力支持、舆论支持和社会基础；同时引导我国跨国公司规范其在海外的环境活动，主动承担企业环境社会责任，在鼓励其对外环境经济和技术合作的同时，防止国外势力利用环境非政府组织和国内跨国公司干扰我国的环境治理、经济发展和政治秩序。

再次，要加强国内的环境研究与环境外交的智库建设，尤其是要加强非官方的智库建设，发掘环境外交理论研究中的民间力量，以增强环境外交理论研究的广度和深度，在环境外交决策和咨询过程加强与非官方智库的互动，巩固环境外交决策与咨询工作的社会基础；同时要加强与国外环境治理和环境外交的相关智库的交流与合作，学习和借鉴对方的理论成果，提高我国环境外交工作的理论水平与政策能力。

最后，通过建立和强化有效的沟通机制，建立环境外交专门的沟通渠道，主动引导媒体的舆论导向，在国际环境领域和国内公民社会中，寻求公众对于环境外交工作的理解和支持，提高中国环境外交的公信力和影响力。

三、完善环境外交的运行机制

为适应全球化、信息化潮流的发展，中国环境外交要不断创新和完善自身的统筹、协调、沟通、公关机制，实现中国环境外交的决策、咨询、执行和反馈系统的互动合作和良性运转。

首先，要完善中国环境外交的统筹机制，改变目前环境外交决策中问题分散、部门林立、机构重叠、政策模糊的现状。

例如：涉及我国环境外交的具体政策包括国家发改委编写的《中国应对气候变化国家方案》、国家海洋局编写的《中国海洋21世纪议程》、国家环保总局公布的《全国环境保护国际合作工作（1999～2002）纲要》等，但对于中国环境外交的问题领域规定模糊、对于环境外交的具体内容规定重叠、对于环境外交的具体对策规定分散，缺乏建设性和可操作性。因此必须建立中国环境外交的统筹机构，以政策明确和整合环境外交、环境保护国际合作、环境安全三者之间的关系，协调环境保护部、外交部、国家海洋局等部门在涉及环境外交的具体谈判、国际立法、履约、国际合作事务等工作的开展，保证中国环境外交决策的统一性和实效性。

其次，要完善中国环境外交的协调机制。在中国环境外交的决策和执行过程中，要加强环境外交的组织平行部门之间的、中央与地方垂直领导部门之间的分工合作，建立环境外交重大决策和执行的问责机制，将其列入中国与地方环境治理的考核项目中，防止在涉及国计民生的重要资源开发和跨界环境污染争议中的渎职行为，避免因为管理漏洞而给中国的国内环境和中国周边的区域环境造成严重损失。

再次，要完善中国环境外交的沟通机制。加强中国环境外交咨询和反馈机制的建设，淡化环境外交的官方色彩，注重中国环境外交的信息化和民主化建设，在遵守国家有关外交保密原则的前提下，提高中国环境外交的社会参与度和透明度；加强与理论界、新闻界、企业界、环境非政府组织和社会公众的沟通合作，针对不同主体建立不同层次的长效沟通机制，定期咨询和反馈中国环境外交的政策和实践，将广泛的社会参与纳入到中国环境外交的运行机制中，建构“政府—公众—企业”的绿色合作伙伴关系，使环境外交更具开放性；加强对谈判对象环境外交决策方式的研究，发动国内公民社会和媒体舆论的力量，与谈判对象国家的公民社会展开对话与交流，就中国环境外交的立场和原则进行广泛的沟通和游说，从而对其谈判施加国际和国内双重影响；重视自媒体在环境外交中的地位和作用，对于自媒体进行积极引导，降低自媒体中的片面、虚假信息对于环境外交工作带来的干扰，开设双语微博和微信，利用自媒体向国内、国际同步开展对于环境外交工作的历史、理论和实践不同层面的宣传，降低环境外交的沟通成本，扩大环境外交的影响范围，引导环境外交的社会参与，提高环境外交的宣传效果。

最后，要完善中国环境外交的公关机制。要完善中国在国际环境领域的国家形象推介方案。结合中国环境治理的历史文化、现实状况、具体国情及其在国际环境领域的发展契机、战略目标，有目的、有步骤地策划和宣传中国在国内环境治理和全球环境治理中的困难与建树，在国际社会中推介中国在环境治理方面的正面形象；加强对于本土为环境保护作出杰出贡献的人士的包装和对外宣传，除让西方了解梁从诫等知识精英对于中国环境启蒙运动的贡献，重点推介中国环境治理过程中的“草根英雄”，从而让世界透过环境外交了解中国悠久的生态智慧和家国责任熏陶下的“生态人生”的基本理念；重视环境外交工作中涉外环境保护代言人的选择，防止利益集团藉此充当幕后推手或者明星高官以此作秀，要使涉外环境保护代言人的选择达到凝聚社会力量、塑造国家形象、突出环境治理公益性的作用，同时也要警惕因代言人信誉危机在国际环境领域中引发的公关危机；加强与国家环境非政府组织、海外华人的交流与合作，主动改善与国际传媒舆论界尤其是国外民间媒体舆论的关系，加深国外舆论与民间社会对于中国环境问题历史和根源的了解，争取国外民间社会和在华投资企业的舆论支持，从而使“中国环境威胁论”、“中国环境责任论”丧失其国内市场和国际市场；建立跨界环境问题危机管理模式，对于跨界环境污染和自然资源开发争议，建立专门的危机档案、危机预案和危机处理专家团队，对于我国在区域环境中可能出现的跨界环境问题、可能引发跨界环境争议的主要国家、可能涉及的解决方案、可能援引的国际环境法律等要进行完整的资料积累和详细具体的策划；此外，建立环境外交的风险管理机制，针对跨国环境移民、国内环境事故和环境群体性事件的国际传播，以及与环境非政府组织的争议等问题，在政策上、法律上和舆论引导上建立相应的问题管理模式和危机处理预案，降低环境外交和国内环境治理的社会风险和政治风险。

四、构建全方位的支持保障系统

中国环境外交的发展道路，与德国、美国、日本等发达国家不同：德国、美国、日本等国家的环境外交，是在完备了国内环境治理的基本框架后，寻求其国内环境政策和环境利益的对外拓展；而我国的环境外交是在不具备国内环境治理基本框架的前提下开展的，前期发展的重点在于完善国内环境治理的基本框架、支持国内的环境治理能力建设。冷战后中国国内环境治理的基本框架已经初步建立，但由于中国在环境投资、环境技术、国际环境机制中不具有优势，因此要完成环境治理的“持久战与攻坚战”，实现中国在环境技术、环境产品、环境治理上真正的独立自强，还必须继续依靠和强化环境外交的发展，为其引进资金、技术，营造良好的国际环境。因此，要发展中国国内环境治理，必须先发展中国环境外交，要提升中国环境治理的整体实力和国际地位，必须相应地提升环境外交在中国外交工作和整个生态文明建设中的战略地位，要从政策激励、智力支持、社会参与和物质保障等方面入手，在中国内政中为环境外交构建全方位的支持保障系统。

（一）对环境外交工作的政策倾向

在国家政策中明确和突出环境外交的合法化地位，强化对于环境外交整体的政策规划和政策倾向，而不是局限于某一具体问题的环境外交的政策导向；统一制定环境外交具体政策的部门，规范环境外交政策制定的正当性程序；在国家的大政方针中，统一环境外交的概念和边界，并对环境外交提出明确具体的目标、任务；在国内环境治理体系中明确国内环境治理与环境外交的各自工作定位和相互之间的关系，突出环境外交在外交工作中的独立地位和重要作用，界定环境外交在不同阶段、不同领域的工作重点，完善环境外交的激励机制建设。

（二）提高中国本土的环境外交研究能力

在国内理论研究中，加强对环境外交的理论建设。建立环境外交的专门学科，系统规划环境外交的知识体系和人才培养模式，加强对本土的环境外交研究人才和环境外交官的培养；建立环境外交决策机构与环境外交理论研究机构的沟通网络，整合环境外交的官方研究机构与民间研究机构的力量，提高官方研究机构的信息收集能力和决策咨询反馈能力，加强民间研究机构的决策参与能力与决策咨询能力，建立环境外交研究定期交流的平台和机制，从而提高中国本土的环境外交研究能力，建立中国本土化与国际化相结合的环境外交智库。

（三）完善中国环境外交的社会支持系统

重视中国国内环境知识的教育与传播，通过广泛的宣传与交流，提高中国公众的环境意识和对环境外交的参与能力，尤其是要提高广大农村和西部不发达地区公众的环境意识，以便加强公众对于国际合作资源开发的监督与合作，加强公众对于全球性、全区域性和国内环境问题的关注程度和维权意识，提高中国环境外交参与国际环境合作的社会支持系统；提高中国企业环境社会责任意识，尤其是提高中小企业的环境社会责任意识，提高企业在节能减排、保护臭氧层、保护生物多样性、防治水污染、海洋污染、土壤污染、防止发达国家的生态掠夺、转移污染和“绿色壁垒”的自觉意识和参与能力，从而提升中国环境外交在国际环境领域的底气和形象；加强对中国本土环境志愿服务的引导和培养，提高中国本土环境志愿者的服务能力和守法意识，加强中国本土志愿者参与自然灾害的组织能力和服务水平，引导和规范中国本土志愿者的对外援助行为。

（四）环境外交的物质保障系统建设

在国家的政策体系和组织结构中，为环境外交设立物质保障系统，为环境外交提供资金、技术、信息的支持。在2009年到2015年间的中国国家社会科学基金项目中，环境经济、环境贸易、环境法学、国内环境治理的政治学研究均得到了多项国际社会科学基金的项目支持，却没有任何对于涉及环境外交研究的项目资金支持。因此，国家应该加强对于环境外交理论研究项目的投资倾向和投资力度，鼓励和扶持中国环境外交整体水平的提升。

结语：为实现中国环境外交的战略转型，突破国际、国内环境以及中国环境外交自身能力的局限，必须系统重构中国环境外交的发展战略：明确发展战略定位、建立问题管理模式、加强自身实力建设、完善自身运行机制、加强国内支持保障。中国环境外交未来在与国际、国内环境的互动中，能否实现和完成参与角色上由融入者到建构者、话语方式上由被动到主动、主要动力上由外生到内生、外交地位上由边缘到主流的战略转变，还要取决于中国对环境外交的政策重视程度和中国环境外交自身的战略建构能力。

第五章

对于冷战后中国环境外交发展的理性思考

第一节　结论：事实与价值之间

本书选取冷战后中国环境外交的发展进程作为研究对象，采取历史分析、比较分析和层次分析等研究方法，以冷战后中国环境外交的发展历程为纵向线索、以冷战后中国环境外交与国际环境机制、国内环境治理的互动关系为横向线索，截取中国环境外交冷战后至今的一段历史进行事实分析、制度分析和价值分析，试图从外交学角度分析和解读当代中国环境治理发展的特殊历程，探究中国环境外交发展的独特道路和对于中国环境治理的特殊意义，重新评估和界定环境外交在当代中国环境治理体系的地位和价值；明确了冷战后至今中国环境外交的历史定位，即中国环境外交的实质性发展阶段和战略转型的关键时期；结合环境因素在国际、国内政治领域中价值日益提升的趋势和中国当前生态文明建设的实际，分析了中国环境外交在战略转型过程中存在的主要问题和发展的战略重点，提出在中国特色大国外交战略中，应突出环境外交工作的独立地位和重要作用，系统构建中国环境外交的发展战略。

一、冷战后中国环境外交的事实分析

本书在分析冷战后中国环境外交基本事实的基础上，从历史定位、制约因素、发展契机三个方面，对冷战后中国环境外交的历史进行了系统的梳理。

首先，本书通过回顾冷战后中国环境外交的发展历史，归纳出冷战后至今中国环境外交的主要历史贡献及其取得的阶段性成效。

冷战后中国环境外交取得了实质性的发展：完成了对环境外交的指导思想、组织体系、基本格局、社会参与、理论研究团队等基本框架的塑造，并取得了阶段性成效：推进了全球环境治理的区域化和本土化，为国内环境治理起到了外交保障和知识建构作用。中国环境外交在这一阶段的最主要历史贡献，即在建构中国环境外交自身基本框架的同时，带动中国国内对于现代意义的环境治理观念、制度、技能的启蒙和学习过程，促进了中国国内环境治理体系核心框架的建构，深刻影响了中国生态文明建设的整体格局，在国际环境领域取得了发展中国家意见领袖的地位，树立了负责任的大国形象。在此基础上，中国环境外交已经获得了与世界对话的能力，并具备了实现战略转型的观念基础、制度基础和社会基础。在此基础上，中国环境外交具备了与世界环境机制对话的能力。冷战后中国环境外交已经具备了实现战略转型的基本资格。

其次，本书结合冷战后至今中国环境外交发展的历史与现实，从国际、国内及其自身发展三个层面分析冷战后中国环境外交发展的主要制约因素。在国际环境领域中，发达国家主导的国际环境机制制约了中国在国际环境领域的话语能力，“中国环境责任论”加重了中国环境外交的压力和负担，“中国环境威胁论”、“中国环境责任论”为其设置了舆论和道德障碍，“绿色壁垒”提高了中国环境外交的成本和风险；在国内环境治理中，国内环境治理的滞后和不成熟导致中国与世界环境外交发展同期不同步，国内政策保障不明确、不充分局限了环境外交在中国外交格局中的上升空间；在中国环境外交自身发展方面，中国环境外交存在历史不利、地理不利、能力建设不足等问题，限制了中国环境外交实力的整体提高。

最后，本书结合冷战后国际环境与国内形势的变化，分析了中国环境外交的发展契机。伴随着环境问题成为国际关系领域新的利益博弈点、国际环境领域利益格局的重新调整，中国在国际环境领域的角色发生了变化：中国已经逐步融入了国际环境领域，并在全球环境治理中发挥着日益重要的、建设性的作用；与此同时，中国经济发展进入了战略转型的关键阶段，环境治理已经上升为关系到民生问题的基本国策，适应中国经济发展与外交战略转型的需要，中国环境外交开始由被动转向主动、由边缘转向主流，并在逐步走向成熟。

二、中国环境外交的价值分析

本书通过分析中国环境外交和中国国内环境治理与世界环境外交之间的互动关系，梳理出了中国环境外交发展进程的特殊性问题，明确了中国环境外交在中国环境治理体系中的独特地位和重要价值，探寻出中国环境外交发展中存在的主要问题以及中国环境外交在理论与实践领域滞后于西方发达国家的主要原因。

中国环境外交在发展时间上是与世界环境外交同步的，环境外交是中国在恢复联合国合法席位后参与的第一次联合国框架内的多边外交活动，也是中国走向世界、学习和融入世界的最早的外交领域之一；中国通过开展环境外交建构了中国现代意义上的环境治理的核心框架，拉动了中国环境治理的整体发展，为中国提出系统的生态文明建设理论体系奠定了观念基础、社会基础和制度基础。中国环境外交的发展历史不仅意味着一段国家对外关系的历史事实，而且对中国环境治理体系中环境观念的植入、环境制度的建构、环境思想的启蒙、跨国环境合作的开展等起到了基础和纽带作用。中国的环境外交在中国的外交建设、中国环境治理以及世界环境外交的历史上，具有不容忽视的重要地位。

中国环境外交与国际环境外交在发展历程上同期而在发展进程上不同步，中国环境外交虽然与国际环境外交起步时间相同，但其发展相对滞后，主要原因在于：环境外交承担着对外学习和融入国际环境机制、对内建构国内环境治理体系的核心框架的双重压力，缺乏完善的国内环境治理体系作为有力支撑，环境外交在发展过程中存在着内生动力不足、自身能力不够的问题；中国环境外交与国内环境治理之间在发展程度上存在一定的落差，在冷战后出现了国内环境治理与环境外交发展不均衡的问题，环境外交在某种程度上被简化为环境保护国际合作，在国内环境治理获得了强势发展的同时，中国环境工作的独立地位和重要作用相对地被模糊化和弱化了，从而在一定程度上限制了环境外交工作的开展，导致中国环境治理体系整体发展的不平衡。

因此，系统地梳理中国环境外交的发展历史，深入探讨中国环境外交在发展的各个阶段中的主要特点和基本问题，不仅有助于丰富对中国环境外交和世界环境外交的理论研究，而且能够更好地分析和解读当代中国环境治理发展的特殊历程，对于构建符合中国经济社会发展实际的环境外交战略、服务于中国生态文明建设的整体布局，具有重要的意义。

三、中国环境外交的战略转型：事实与价值之间的选择

冷战后至今是中国环境外交发生历史性转变、取得实质性发展的阶段，也是中国环境外交实现战略性突破、全面提升外交地位的关键阶段。

在这一阶段，中国在中国国内环境治理缺“核”少“芯”的前提，通过在双边、多边领域广泛开展环境外交，逐步完成了对中国的环境外交基本框架、环境法律体系、国内环境社会参与、国内环境基本理念的构建，为中国环境外交走向成熟准备了条件。中国环境外交的参与主体从单一走向多元，参与能力不断提高，参与范围不断拓展，在某些领域内已经具备了一定的话语建构能力，具备了与世界环境机制对话的基本资格；中国环境外交正在发生着由被动接受向主动参与、由内化规则向建构规则、由单轨外交向多轨外交的角色转变，正在实践一条由农业文明向工业文明、后工业文明快速过渡的道路，建构一个有别于西方路径和发达国家主导的话语体系的环境治理模式，体现了发展中国家以外交塑造内政、“走出去—引进来—走出去”的独特发展进程，在理论和实践上实现了国际化和本土化的初步融合，在探索环境外交的中国特色和中国道路上作了有益的尝试，在国际环境领域与国内生态文明建设中获得了相对独立的地位和一定的上升空间。

随着中国综合国力和国际影响力的不断上升，中国与世界的关系发生了历史性变化，中国环境治理与全球环境治理日益紧密地联系在了一起。伴随着冷战后国际环境领域利益格局的重新调整，中国国内经济发展进入战略转型阶段，中国国内环

境问题呈现出政治化、社会化、安全化的发展趋势，环境保护上升为中国的基本国策和民生问题，被纳入到中国特色社会主义建设“五位一体”战略布局，获得了与经济发展同等重要的地位；中国生态文明建设的发展与中国特色大国外交战略的提出，为中国环境外交的发展提出了新的要求。

在中国特色大国外交战略中，提出总体安全观的对外延伸，突出了周边外交在外交全局中的重要地位，明确提出了共同、综合、合作、可持续的亚洲安全观，并在亚洲安全观中分析和解读了地区安全与发展之间的关系，在中国总体安全观和亚洲安全观中进一步明确提出了生态安全，并将其列入了公共安全产品的范围内；同时，在构建亚洲安全观和应对气候变化问题中，涉及了环境外交工作未来发展的定位和主要任务，将中国定位为亚洲安全稳定的建设者、国际发展事业的贡献者，要为应对气候变化等全球性问题提出中国方案、贡献中国力量。

中国生态文明建设体系的确立也对中国环境外交工作提出了更高的要求，赋予了中国环境外交更重要的价值，中国环境外交在中国的制度设计中涵盖了国家主权、安全和发展等核心利益的维护。但是目前中国环境外交的发展现实，还不能满足生态文明建设和中国特色大国外交战略的需要，环境外交的重要价值在现有的政策和实践中还没有得到具体体现。具体表现为：环境外交得到的政策关注和社会关注不够，环境外交在中国的生态文明建设总体布局和外交工作整体布局中没有得到应有的重视、取得应有的地位，在中国环境治理过程中存在着只重视解决现实问题而忽视长远问题、只重视解决国内问题而忽视国际问题、只重视解决突发问题而忽视潜在问题的现象，将环境治理的视野局限于国内问题，政策性地割裂环境治理体系的整体性，导致了中国环境治理整体发展的不平衡，环境外交在发展程度、受重视程度、物质保障、理论和政策的支持力度上开始滞后国内于环境治理，环境外交在中国环境治理实践中逐渐被弱化、边缘化、模糊化，中国环境外交的制度选择中存在着事实与价值之间的错位。

因此，中国环境外交需要在发展的现实与承载的价值之间作出选择，使环境外交的独立地位与重要价值在中国外交工作的政策与实践中得到具体体现；环境外交必须适应经济社会战略转型的需要，及时转移工作重心，进行战略性调整，即在继续发挥原有的为中国生态文明建设提供外来资金、技术和智力支持的基础上，推动中国外交工作在国际环境治理体系中发挥建设性作用，发挥在国际环境领域塑造环境治理的“中国话语”、“中国模式”和“中国道路”的功能，实现中国环境外交由走出去（向世界学习）、引进来（引进西方环境治理经验、融入世界）到走出去（开始建构国际环境机制、在一定程度上引领世界）的关键性战略转变，从而推动中国生态文明和中国外交工作的整体协同发展。

四、对于中国环境外交未来发展战略的初步设想

为实现中国环境外交的战略转型，在中国特色大国外交战略中，应突出环境外交工作的独立地位和重要价值，从角色定位、战略调整、政策激励、智力支持、能力建设、国内保障等方面入手，系统构建中国环境外交的发展战略。

在中国环境外交的未来发展战略中，明确环境外交的战略定位，突出其在中国外交战略转型中的重要地位；建立环境外交的问题管理模式，界定其主要领域和重点问题；完善环境外交自身的能力建设机制，加强环境外交的实力建设和外交渠道的拓展，建立环境外交的统筹机制、协调机制、沟通机制和公关机制，巩固环境外交的支持保障系统，全面强化对于环境外交的政策激励、智力支持、社会参与和物质保障。

为完成中国环境外交关键性的战略转型，充分落实中国环境外交的独立地位和重要价值，中国环境外交未来需要面临三项主要任务：

1. 在世界分化、调整、重组以及中国国家实力上升的背景下，适应中国生态文明建设和中国特色大国外交战略建设的需要，及时调整环境外交的工作重点，实现环境外交工作关键性的战略突破；突出环境外交在中国环境治理和中国特色大国外交战略中的独立地位和重要作用，系统建构环境外交与国内环境治理、国际环境机制之间的互动关系，整合现有环境外交的政策资源、智力资源、信息资源和社会资源，制定独立、明确、系统的环境外交战略。

2. 在国际环境领域里“有所作为”，积极维护国家的环境主权和环境安全、争取国家的发展权利，为中国生态文明建设和经济社会发展营造更为稳定和友善的外部环境；针对国际环境领域中的区域、全球的热点问题提出建设性方案，在国内、区域、全球环境治理中承担与发展阶段、应负责任和实际能力相称的国际义务，在国内、区域、全球环境治理中诚实履行国际承诺，在国际环境领域中积极建构包容、稳定、公正、有序的区域和全球命运共同体关系，树立和强化中国作为“亚洲安全稳定的建设者、国际发展事业的贡献者”的角色，推动全球环境治理的深化与世界的和平与发展的进程。

3. 将环境外交作为开展新型大国外交、构建新型国际关系的突破点，在开展全方位外交过程中打好绿色外交牌，在国际环境领域中突出环境问题的公益性，促进南北对话和南南合作，引导国际社会正确全方位解读环境与发展之间的关系、理性评价发展中国家在全球环境治理中存在的问题和作出的贡献，塑造和彰显环境治理的“中国话语”、“中国道路”和“中国模式”，努力提高广大发展中国家在国际环境治理体系中的代表性和话语权，在现有国际体系和合作框架中积极构建合作共赢的新型大国关系和新型国际秩序，推动国际体系朝着更加公正合理和更具包容性的方向发展。

第二节　对于中国环境外交未来发展的两点补充说明

在中国环境外交实现战略转型的过程中，在不同领域、不同层次的外交实践中还将要面临一系列新的变化和新的挑战。本节选取核安全问题、中国企业“走出去”给环境外交带来的新问题这两个中国当前环境外交实践中的难点问题，作进一步的补充说明，为下一阶段的研究工作做好铺垫。

一、核安全问题

2011 年 3 月，与中国一衣带水的日本经历了地震海啸与核泄漏的双重环境灾难。世界上最大的核电站之一——日本福岛第一核电站内机组爆炸，引发放射性物质外泄的情况，引发了世界各界的关注和焦虑。

自美国三里岛核泄漏、苏联切尔诺贝利核泄漏事件多年之后，冷战后各国在核电的使用中事故不断，以中国邻国印度为例：1998 年 5 月，印度北方邦一座核电站发生了氚泄漏，对附近地区造成核污染；2000 年 6 月，该核电站再次发生泄漏事故；同年印度东部金奈市的一座核电站发生重水泄漏事故；2001 年一年内印度的核电站曾发生过 3 起核泄漏事故；2009 年印度南部卡纳塔克邦的卡伊格核电站发生辐射泄漏事故。[1] 但是冷战后由于世界领域的能源供应紧张，以及国家之间能源竞争的加剧，核电作为清洁能源进入了接受度最高的时期之一，中国在当年的“十二五”规划中也将核电列入了清洁能源的发展规划中。

日本地震海啸和核泄漏事故的残酷现实为世界各国再次敲响了警钟，提供了环境问题最为直接和触目惊心的证据，引发了全球经济、政治与社会领域的一系列震荡。各国纷纷调整了经济发展与环境治理中有关核电使用的政策：德国总理默克尔（Angela Dorothea Merkel）冻结延长核电站的使用期限政策，英国原本计划重启中断的核电站建设也受到阻力，美国众议员则向奥巴马（Barack Hussein Obama）总统提交了临时停止新建核电站计划的信件，印度、澳大利亚、韩国等地纷纷表示检查核电站安全性。

对于核安全的重视和核电使用的反思，正由世界主要核电使用大国向全球蔓延。同时，日本地震海啸和核泄漏事故还引发了当时全球股市的震荡和全球性的社会恐慌，中国、美国相继出现了食盐和碘片的抢购风潮，一度降低了公民对政府的信任度和对环境的安全感。2013 年日本官方宣布，基于福岛核电站事故，决定提升福岛核事故级别到国际标准中“重大异常”的 3 级。福岛核电站的核泄漏事故的影响和后果，有关核电安全问题引发的争议，至今依然受到周边国家和国际社会的高度关注。

作为“全球核电大户”的中国对此保持相对折衷的态度，

---

〔1〕“印度核能发电居亚洲第三　8 座新核电站在建设中”，载《环球时报》2003 年 2 月 20 日。

一方面仍然将核电作为清洁能源中的发展重点，继续全面推进核电建设，《2014 年全球核电综述》发布的数据显示：全球 71 座在建核动力堆中，26 座在中国大陆，数量与装机容量均位居世界第一；另一方面，中国对于核安全问题给予了高度的重视，在核电利用问题上保持了足够的警惕。2013 年国务院常务会议在听取应对日本福岛核电站核泄漏有关情况的汇报后做出四条决定：立即组织对我国核设施进行全面安全检查；加强正在运行核设施的安全管理；用最先进的标准对所有在建核电站进行安全评估，存在隐患的坚决整改，不符合安全标准的立即停止建设；抓紧编制核安全规划，调整完善核电发展中长期规划，核安全规划批准前，暂停审批核电项目包括开展前期工作的项目。[1] 同时，中国加强与法国、英国、德国、俄罗斯等核电大国在核安全领域的国际合作，并就核安全技术合作签订了双边协议；中国加强了对于核电企业的安全管理，以实践企业环境社会责任的形式，强化了对核安全维护的企业责任，为此 2013 年 8 月中国广核集团有限公司发布了《安全发展白皮书》，对核安全问题作出了解释和承诺。

在中国环境外交的未来发展中，一方面，需要对核安全问题有清醒的头脑，加强核安全领域的国际技术合作，积极参与有关核安全的国际立法，认真履行国际承诺，积极维护地区和全球的核安全，在区域和全球核安全领域发挥建设性作用。另一方面，要在国内、国际舆论内对于中国的核安全问题进行积极有效的沟通，引导公众全面、理性地看待中国的核电发展问

〔1〕“温家宝主持召开国务院常务会议听取应对日本福岛核电站核泄漏有关情况的汇报”，载环境保护部网站，http://www.zhb.gov.cn/zhxx/hjyw/201103/t20110317_207005.htm.

题和核安全问题；对于核安全问题在外交领域中引发的环境风险与社会风险，要形成专项的风险管理机制，建立系统的防范应对方案。

二、中国企业“走出去”给环境外交带来的新问题

中共十七大提出了中国企业“走出去”的发展战略，中国企业开始向世界拓展发展空间、寻求发展机遇，并取得了一定的发展成就。“走出去”的发展战略在一定程度上提高了中国企业的国际地位，增强了中国企业的国际竞争力，使“走出去”的中国企业成为中国经济在海外市场的名片。

中国企业的海外拓展战略也为中国环境外交工作带来了一定的有利影响。中国可以通过企业间的国际经济、技术合作，拓展环境外交的空间，扩大环境外交的社会参与，为环境外交提供更多的窗口和舞台。但在肯定中国企业“走出去”的成就的同时，我们也必须注意到中国企业“走出去”可能给环境外交带来的新问题。

1. “走出去”的中国企业的组成成分复杂，增加了环境外交工作中的不确定性因素。“走出去”的中国企业的组成成分中，既包括国有企业，也包括民营企业。企业在经营规模、管理能力、海外市场经验、自律能力、员工素质等方面存在着很大的差异。因此，这些中国企业在海外经营活动中履行企业的环境社会责任的知识、能力、水平和自觉性方面，也存在着很大的差异。加之各东道国的国内环境立法和环境标准千差万别，使中国企业面临的环境责任更为复杂，提高了中国企业发生涉外环境纠纷的概率，增加了对中国企业境外履行环境社会责任进行控制和监管的难度，使环境外交工作涉及的主体范围更加扩大、地域范围更为分散、领域和问题更为不确定，增加了环境外交工作的不确定性因素。

2. 中国企业“走出去”引发的国际环境争议，给环境外交工作增加了新的内容。中国企业实施“走出去”发展战略，使中国环境外交的理论和实践的关注点，开始逐渐从外国的跨国公司对我国资源环境施加的影响向中国企业的海外环境责任转移，给环境外交工作增加了新的内容。中国在实施中国企业“走出去”的经济战略的同时，需要在环境外交工作中完善相应的配套服务机制，维护“走出去”中国企业的环境权益，应对和解决这些企业引发的国际环境争议。这些企业引发的国际环境争议的内容和成因非常复杂，在争议的成因上，既有中国企业本身的环境致害行为，也有中国企业遭遇的“绿色壁垒”问题；在争议的内容上，既有“能源和资源安全争议”，又有环境技术争议和环境污染争议，有的甚至直接指控中国企业的海外拓展行为是实施“生态殖民主义”和“生态掠夺”。因此，这些新问题，需要中国环境外交工作在法律规范上、理论研究上、对外宣传和舆论引导上、国际争端解决机制上，做好应对的准备工作。

3. 中国企业“走出去”后在海外造成的环境污染，在一定程度上影响了环境外交工作的效果，降低了中国环境外交工作的说服力。在对于中国企业海外行为引发的国际环境争议中，并不完全都是东道国政府基于意识形态和文化的偏见对中国企业的刻意误解、丑化和排斥，其中一部分也是由于中国企业自身的问题导致的对于东道国资源和环境的破坏。例如，著名的国际环境非政府组织绿色和平组织在 2015 年 5 月，专门曝光了以中水集团为首的四家中国远洋渔业企业在西非海域以谎报吨位和底托网作业从事非法捕捞、破坏当地海洋生态环境的行为。在中国政府对内大力提倡生态文明建设、对外承诺要在国际环境领域积极履行大国责任的同时，这种行为在很大程度上会引发东道国政府和国际舆论对中国政府的质疑和指责，会为各种形式的“中国环境威胁论”提供新版本和素材，降低中国与有关国家之间的相互信任，影响到国际环境领域南南合作的效果，从而在一定程度削弱了中国环境外交在国家环境领域的话语权和影响力，反过来也会妨碍中国企业的海外形象，阻碍中国企业进一步实施海外拓展战略。

因此，在实施中国企业“走出去”发展战略的同时，需要重视中国企业海外拓展行为中的环境外交工作，在发展战略上保证二者之间的良性互动、协同发展，引导和监督中国企业在海外诚实践行环境社会责任，提高中国开展环境外交工作的说服力和影响力；通过有效地开展环境外交工作，为中国企业的海外拓展行为营造良好的政策空间、社会空间和舆论空间。

附 录

中国环境外交重要文件选辑

全国环境保护国际合作工作纲要
（1999～2002）

今后几年，是我国国民经济和社会发展的重要时期，也是环境保护工作的关键时期。为积极有效地开展环保国际交流与合作，更好地服务于跨世纪的环境与发展事业，根据《全国环境保护工作（1998～2002）纲要》，制定本纲要。

一、环境保护国际合作形势

1. 和平与发展仍是当今时代的主题。当前，国际形势正处在深刻、重大的变化之中，世界政治格局正走向多极化，经济全球化趋势发展加快，虽然局部战争和冲突接连不断，但和平与发展仍是当今时代的主题。

面对复杂多变的国际形势，我国政府始终坚持独立自主的和平外交政策。在党中央外交战略方针指引下，同周边国家的睦邻友好关系不断巩固和发展，改善了与西方发达国家的关系，为我国改革开放和社会主义现代化建设争取了有利的国际环境，也为世界的和平与发展做出了积极的贡献。

2. 在新的国际形势下，我国环境保护国际合作取得了显著成绩。我国先后与美国、俄罗斯、日本、英国、法国、加拿大、印度、巴基斯坦、哥伦比亚等27个国家签署了双边环境合作协议或备忘录，与美国、日本、法国、德国、加拿大、俄罗斯等10个国家签订了有关核安全与辐射环境管理的双边合作协议，与联合国环境规划署、联合国开发计划署、国际原子能机构、世界银行、亚洲开发银行、全球环境基金、蒙特利尔议定书多边基金等国际机构建立了密切的合作关系。积极参与了重要国际环境公约的谈判和重要多边环境论坛的活动，参加或签署了气候变化框架公约、生物多样性公约、保护臭氧层的维也纳公约和蒙特利尔议定书、巴塞尔公约、核安全公约等国际环境公约，广泛、深入地开展了有关国际公约的履约工作。各级地方环保部门也根据本地区的特点与条件，积极开展国际合作，拓宽技术和资金引进渠道，开展人员交流和对外经济技术合作，形成了我国全方位、多渠道、多层次的环境保护国际合作新局面。环境保护国际合作已成为我国外交和环境保护工作的重要组成部分。

3. 环境保护国际合作促进了我国环境保护工作。通过20多年的国际合作与交流，我们借鉴国外环境保护的先进管理经验和技术，吸收了清洁生产、环境影响评价、污染者付费、排污许可证等行之有效的制度，推动与促进了我国环境政策、法规建设和环境科学技术的发展，拓宽了环境保护利用外资渠道，推动了我国污染防治和生态环境保护。同时，加速了我国环保国际合作队伍的建设，为我国环保事业的发展作出了积极贡献。

4. 环境保护国际合作面临新的挑战。联合国环境与发展大会以来，可持续发展逐步成为指导各国经济社会发展的总体战略。气候变化、生物多样性保护、臭氧层保护、有害废物越境转移、海洋、森林和荒漠化等全球热点环境问题已成为多边和双边环境论坛与活动的重要议题，其法律化趋势进一步加快。在国际环境多边领域，北强南弱的状况短期内难以改变。发达国家向发展中国家提供的发展援助逐年减少。到本世纪末，世界银行等国际金融机构将不再向我国提供优惠贷款和赠款；一些发达国家提供的政府优惠贷款和赠款的规模也将大幅度削减；利用这些国际开发援助资金的限制条件和要求却越来越苛刻。

5. 抓住机遇，开拓进取，不断开创环境保护国际合作新局面。近年来，随着我国经济和社会快速发展，国家综合实力不断增强，各级领导对环境保护工作越来越重视，广大人民群众的环保意识不断提高。今后几年，我国在环保领域的投入将快速增长，环保产业与环保科技将进入一个新的发展时期，这对环保国际合作和外资利用将带来难得的机遇。同时，保护地球、保护环境已成为全人类共同关心的重要问题，经济全球化正在推动世界产业结构调整，并深刻影响到国际环境关系的变革。双边、多边外交活动中的环境内容日渐增多，国际间的环境合作与交流呈现出强劲的发展势头。各级环境保护部门应认清形势，抓住机遇，积极开拓，努力开创环境保护国际合作的新局面，为实现我国跨世纪环保目标和经济、社会与环境的可持续发展作出贡献。

二、指导思想和工作目标

6. 今后一个时期，我国环境保护国际合作的指导思想是：高举邓小平理论伟大旗帜，以我国外交战略方针为指导，紧紧围绕全国环境保护工作重点，从大局出发，审时度势、抓住机遇、趋利避害、有所作为，积极稳妥地做好环境外交工作，维护国家权益。同时，以外事促内事，坚持环境外交与对外合作交流同步推进，对外经济合作与技术交流同步发展，广开渠道、分类指导、分层推进，优先环保系统的能力建设，为实现我国跨世纪环保目标作出积极贡献。

7. 本届政府任期内，全国环境保护国际合作工作的目标是：初步建立覆盖全球五大洲的双边环境合作框架，建立健全双边环境合作管理机制，力争与40个重要国家签订双边合作协定或备忘录；在积极完成我局牵头的生物安全、持久性有机污染物等国际环境公约谈判工作的基础上，建立和完善我国履行生物多样性公约、控制危险废物越境转移及其处置的巴塞尔公约、在国际贸易中对某些化学品和农药实行事先知情同意程序的鹿特丹公约、臭氧层保护公约和核安全公约等有关国际环境公约的机制和管理体系，进一步加大多边合作力度；在巩固已有多边、双边合作渠道的基础上，重点开拓一批民间资金渠道，进一步加大国外先进技术和资金的引进力度；培养一批高素质的国际合作人才，在全国范围内建立一支政治素质高、外语能力强、精通专业的环境保护国际合作队伍，组织全国环保系统的整体力量，努力开拓全国环保系统国际合作的新局面。

三、主要任务与措施

（一）积极开展环境外交，维护国家利益

8. 认真做好国际环境公约的谈判。在全球环境问题公约化、法律化进程中，要加强对有关全球环境问题，特别是气候变化、生物安全、持久性有机污染物、海洋环境保护、核安全等热点问题的研究，及时了解与分析国外的最新信息与动向，加强与国内有关部门的沟通和协调，积极稳妥地做好国际环境公约的谈判工作，切实维护国家的权益。

9. 高度重视各项环境保护国际公约的履约工作。各级环境保护部门要加强我国已经签署并由我局牵头管理的臭氧层保护、生物多样性保护、控制危险废物越境转移及其处置、核安全等国际公约的履约工作。加强宣传，强化管理，积极主动地开展各项履约工作，协助政府搞好有关政策的制定和执法监督工作。积极稳妥地完成香港、澳门回归后履行国际环境公约的衔接工作。在承担国际环境公约的责任和义务的同时，应积极引进国外先进技术和资金，加强履约的能力建设，以此带动相关环境立法与执法监督工作，推动我国环保产业的发展。

10. 进一步拓宽视野，扩大新的合作领域。在现有双边环境合作框架的基础上，力争与意大利、西班牙、墨西哥、巴西、南非、埃及、以色列等国家签署一批新的双边环境合作协定或备忘录，并建立与完善双边合作协定下的联委会机制，定期交流信息，协调有关全球和地区环境问题的立场，拟定合作规划与计划，以此推动双边环境外交与合作。

11. 积极参与亚太经济合作组织、亚欧首脑会议、欧盟、经济合作与发展组织等地区性国际机构与环境有关的重要活动，做好国家领导人参与其环境外交活动的各项准备工作。同时创造条件，发挥中国亚太经合组织环境保护中心的作用，以此扩大我国环境外交的影响，不断提高我国参与地区性环境事务的地位。

12. 利用和争取各种机会，在党和国家领导人的重大外事活动中，增加环境保护的内容，通过多种形式推动双边、多边环境科技与商贸合作。各级地方环保部门也应积极努力，增加地方党政领导外事活动中的环境保护内容，推动地方环保国际合作和交流，促进我国环保事业的全面发展。

13. 充分发挥“中国环境与发展国际合作委员会”（简称“国合会”）的作用。国合会秘书处在现有工作基础上，要进一步加大各专业工作组的工作力度，深入调研，针对国际国内热点环境问题和国内优先领域，积极创造条件，充分发挥委员会的咨询潜能，大力引进资金和技术，积极开展政策示范和项目示范，使国合会在促进我国环境与经济协调发展方面发挥更大的作用。

(二) 进一步加强对外经济技术合作，推动我国污染防治与生态保护工作

14. 各级环保部门应充分利用已有的双边、多边合作渠道，特别是已签订的双边环境合作协定和建立的省际间、市际间友好姊妹关系，结合本地区的实际需求，加强环境监测、污染防治、自然生态保护和生物安全等领域的能力建设，加大技术合作与交流的力度，进一步提高科技交流合作的水平。

15. 积极开展对美国、日本、德国、加拿大、英国、法国、澳大利亚、俄罗斯等国家环境政策、立法、管理体制、科技发展及环保产业等方面的国别调查，借鉴国外先进经验，不断完善我国环境保护对外经济技术合作的方略与规划。稳定发展与日本、德国、英国、荷兰、挪威、加拿大等发达国家的双边环境经济技术合作，通过联合工作组或联委会，不断扩大合作的领域与规模。进一步加大与美国、法国、澳大利亚、丹麦、韩国等国家经济技术合作的力度，逐步建立与意大利、瑞典、南非、以色列等国家的经济技术合作关系，采取多种形式，不断开拓合作的领域和空间。

16. 广开渠道，加大外资引进力度。在继续发展与世界银行、亚洲开发银行、全球环境基金、蒙特利尔多边基金以及重要发达国家合作的基础上，要进一步开拓潜在的资金渠道，尤其是各类基金会、大型企业等民间资金渠道，加大蒙特利尔多边基金和全球环境基金的引资力度，不断扩大环保利用外资的规模，以此调动和吸引更多国内资金的投入。在世界银行、亚洲开发银行的常规环境项目和城市建设项目中，要进一步增加环境能力建设的内容。本着循序渐进和互惠互利的原则，从技术合作入手，逐步引深与重要发达国家的经济合作，以经贸合作的方式，在环境监测、污染防治、生态保护等领域启动一批投资性的能力建设项目。

17. 加强核安全与辐射管理方面的国际合作。围绕复杂多样的核电建设任务，积极开展与技术、设备出口国核安全管理当局的合作。通过签订双边合作协定或备忘录等方式，与核电技术设备重要出口国建立稳定的合作机制，以联合审评、设备监制、信息交换、人员培训、互派专家等形式，全面开展技术交流与合作。积极借鉴国外先进的电磁、辐射污染防治技术与管理经验，以及成熟的监测与处置技术，提高我国辐射环境监管的技术水平。

18. 加强环保产业的国际合作。针对我国环保产业发展的实际需要和薄弱环节，要瞄准国际先进水平，进一步加强环保产业的国际合作与交流，努力缩小与先进国家和地区的差距。在引进国外先进技术和设备的过程中，各级环保部门要与经贸等有关部门密切配合，加强对先进技术和设备的消化吸收，积极创造条件，在环境监测仪器设备、污染治理设备、城市污水处理和危险废物处理技术设备等方面，支持一批合资、合作的中外环保企业，并有选择地建立示范性国际环保工业园区，以嫁接的方式加快技术的转让与开发，推动国内环保技术与产业的发展，不断增强我国环保产业在国际市场的竞争能力。

19. 分类指导，因地制宜地推进国内环境保护对外经济技术合作。各级环保部门应结合本地实际确定对外经济技术合作的重点与方式。沿海发达地区应在积极开展污染防治合作的同时，逐步开展生态保护领域的合作，并将利用外资方式从传统的政府开发援助向外商投资与民间合作扩展。中西部地区，特别是自然生态环境脆弱和污染严重的省区，应结合当前国家经济发展重点向中西部地区的战略转移，抓紧利用外国政府开发援助和国际金融组织的优惠贷款、赠款，从开展能力建设入手，积极推动生态保护和污染防治方面的国际合作，特别是生态示范区的建设。

（三）加强环境保护国际合作的队伍建设和各项基础性工作

20. 加强对环境保护国际合作的领导。实现跨世纪的环境保护国际合作目标，对于开创21世纪环境保护工作新局面意义重大。各级环境保护部门要进一步提高对环境保护国际合作的认识，切实加强对这项工作的领导。要进一步加强环境保护国际合作机构和队伍建设。在地方机构改革中，凡有条件和环境保护国际合作的重点地区，应设立环境保护国际合作专门机构，其他地区亦应设立兼管机构并确定专管人员，专职开展环境保护国际合作工作。要切实加强环境保护国际合作队伍的精神文明建设和廉政勤政建设，不断提高其政治素质及现代化管理水平，努力建设一支思想好、作风正、懂业务、会管理的环境保护国际合作队伍。

21. 加强人才培训。要从全国环保国际合作的长远目标出发，加快专门人才的选拔、培养、提高。各级环保部门要立足当前，着眼长远，挑选、培养优秀人才，以干部交流、外派实习培训和定向培养等方式，培养、储备一批环保国际合作后备人才。同时，要加大与国内有关部门及联合国有关机构的沟通，建立正式渠道，不失时机地将优秀后备人才派往我驻外使领馆或推荐给相关国际机构，逐步扩大我国环境保护国际合作的空间。

22. 加强外事综合管理。各级环保部门要进一步建立健全外事管理工作制度，按照统一归口的原则，理顺工作关系，严格办事程序，不断提高外事管理的工作质量和办事效率。为规范管理，各级环保部门可参照《国家环境保护总局外事工作管理规定》，结合本地实际，制订有关的规章制度，努力使环保外事管理工作不断规范化、制度化。

23. 加强环保对外经济技术合作的管理。设立环保经济技术合作专家评审委员会，加强对环保系统国际合作备选项目的评审和筛选，提高项目准备的质量和技术水平；明确项目的申报程序及评审要求，逐步建立环保国际合作项目验收与后评估制度，努力提高项目的管理水平。各级环保部门应结合本地环境保护工作的目标和重点，组织制订环境保护对外经济技术合作规划，确保地方环保国际经济技术合作健康有序地开展。

24. 加强环保国际合作的研究。针对全球热点环境问题、谈判中的国际环境公约、重要国家的双边环境合作问题，以及与环境有关的多边、地区性敏感问题，要定期筛选、确定一些急迫的调研题目，充分利用我驻外使领馆、驻联合国环境规划署代表处和联合国系统、地区组织的代表机构开展调研工作，适时提出应对措施与工作思路。与此同时，要逐步创造条件，重点扶持几个环境保护国际合作研究单位，培养高素质环保国际合作研究人才，保证必要的资金投入，对有关重大问题开展深入研究，为推动我国环境外交和环境保护国际合作提供支撑与保障。

25. 加大环境保护对外宣传工作力度。各级环保部门应利用各种新闻阵地，通过专题新闻发布会、电视、广播、报刊等多种形式，积极向国际社会介绍我国环保情况。要有计划、有重点地组织安排外国政府驻华使领馆、联合国驻华代表机构官员，以及我驻外大使进行国内环境保护考察，增强其对我国环保事业的感性认识。要高度重视世界环境日、地球日、臭氧层保护日、生物多样性保护日等国际环保日的宣传活动，努力扩大我国在各个环保领域的影响。同时，要充分发挥环保出访团组和我驻外使领馆的作用，采取多种形式，加大环保对外宣传的力度。

26. 加强信息储备、交流与传递工作。积极创造条件，建立国家环保国际合作项目库，适时收集、筛选、储备一批环保国际合作的备选项目，努力提高环保对外合作项目推荐的时效性和成功率。同时，充分发挥国家环境保护总局环境信息系统、联合国环境规划署全球环境信息查询网络中国站、外国政府及国际组织驻华机构等信息渠道的作用，并利用各类国际研讨会、培训班，及时通报、传递有关信息，交流各地环保国际合作的工作情况，促进全系统对外合作的信息交流。

27. 各省、市、自治区环保行政主管部门可依据本纲要的精神，结合本地区的实际情况，制定切实可行的工作计划，并认真组织实施。

1999 年 9 月 28 日

习近平系列重要讲话读本：建立新型国际关系
——关于国际关系和我国外交战略
（节选）

十、建立新型国际关系

我们的事业是同世界各国合作共赢的事业。建立以合作共赢为核心的新型国际关系，是我们党立足时代发展潮流和我国根本利益作出的战略选择，反映了中国人民和世界人民的共同心愿。面对国际形势的深刻变化和世界各国同舟共济的客观要求，各国应该共同推动建立以合作共赢为核心的新型国际关系，各国人民应该一起来维护世界和平、促进共同发展。

1. 和平、发展、合作、共赢成为时代潮流

当今世界正在发生深刻复杂变化。和平与发展仍是时代主题，和平、发展、合作、共赢成为不可阻挡的时代潮流，旧的殖民体系土崩瓦解，冷战时期的集团对抗不复存在，任何国家或国家集团都再也无法单独主宰世界事务。一大批新兴市场国家和发展中国家走上发展的快车道，十几亿、几十亿人口正在加速走向现代化，多个发展中心在世界各地区逐渐形成，国际力量对比继续朝着有利于世界和平与发展的方向发展。各国相互联系、相互依存的程度空前加

深，人类生活在同一个地球村里，生活在历史和现实交汇的同一个时空里，越来越成为你中有我、我中有你的命运共同体。

同时，世界仍很不太平，人类依然面临诸多难题和挑战。国际金融危机深层次影响还未消除，形形色色的保护主义明显升温。地区热点此起彼伏，霸权主义、强权政治和新干涉主义有所上升。军备竞争、恐怖主义、网络安全等传统安全威胁和非传统安全威胁相互交织，维护世界和平、促进共同发展依然任重道远。

可以说，我们所处的是一个风云变幻的时代，面对的是一个日新月异的世界。二〇一三年三月二十三日，习近平总书记在莫斯科国际关系学院的演讲中指出："要跟上时代前进步伐，就不能身体已进入二十一世纪，而脑袋还停留在过去，停留在殖民扩张的旧时代里，停留在冷战思维、零和博弈老框框内。"面对世界多极化、经济全球化深入发展和文化多样化、社会信息化持续推进，今天的人类比以往任何时候都更有条件朝和平与发展的目标迈进，更应努力构建合作共赢的新型国际关系。

各国和各国人民应该共同享受尊严、共同享受发展成果、共同享受安全保障。要坚持国家不分大小、强弱、贫富一律平等，尊重各国人民自主选择发展道路的权利，反对干涉别国内政，维护国际公平正义。每个国家在谋求自身发展的同时，要积极促进其他各国共同发展，不能把世界长期发展建立在一批国家越来越富裕而另一批国家却长期贫穷落后的基础之上。各国要同心协力，妥善应对各种问题和挑战，共同变压力为动力、化危机为生机，谋求合作安全、集体安全、共同安全。

2. 始终不渝走和平发展道路

和平发展是中国特色社会主义的必然选择。二〇一四年三月二十八日，习近平总书记在德国科尔伯基金会的演讲中指出："中国走和平发展道路，不是权宜之计，更不是外交辞令，而是从历史、现实、未来的客观判断中得出的结论，是思想自信和实践自觉的有机统一。”只有坚持走和平发展道路，只有同世界各国一道维护世界和平，中国才能实现自己的目标，才能为世界作出更大贡献。

中国走和平发展道路的自信和自觉，来源于中华文明的深厚渊源，来源于对实现中国发展目标条件的认知，来源于对世界发展大势的把握。中华文明始终崇尚和平，和平、和睦、和谐的追求深深植根于中华民族的精神世界之中，深深溶化在中国人民的血脉之中。现在，中国已确定了实现中华民族伟大复兴中国梦的发展目标，我们要聚精会神搞建设，需要一个和平安宁的国际环境。当今世界，殖民主义、霸权主义的老路不仅走不通，而且一定会碰得头破血流。所以，中国坚定不移走和平发展道路，多次公开宣示，中国反对各种形式的霸权主义和强权政治，不干涉别国内政，永远不称霸，永远不搞扩张。我们在政策上是这样规定的、制度上是这样设计的，在实践中更是一直这样做的。

党的十八大以来，党中央统筹国内国际两个大局，观大势、谋大事，加强外交顶层设计和战略谋划，开展一系列重大外交行动，提出许多重大对外战略思想，将大国、周边、发展中国家、多边工作密切结合，推动了与各方关系全面发展，打开了外交工作新局面，展示了我国外交新气象。

大国是影响世界和平的决定性力量，我们积极运筹中俄、中美、中欧等主要大国关系。俄罗斯是我国周边最大邻国和世界大国，两国拥有广泛共同利益。两国坚定支持对方发展复兴，坚定支持对方维护核心利益，坚定支持对方自主选择发展道路和社会政治制度，务实合作取得重大进展，国际战略协调与合作提升到新高度。中美关系的走向为世人瞩目，中美两国合作好了，就可以做世界稳定的压舱石、世界和平的助推器。中美可以也应该走出一条不同于历史上大国冲突对抗的新路，共同努力构建不冲突不对抗、相互尊重、合作共赢的新型大国关系。欧洲是多极化世界的重要一极，是中国的全面战略伙伴。要从战略高度看待中欧关系，将中欧两大力量、两大市场、两大文明结合起来，共同打造中欧和平、增长、改革、文明四大伙伴关系，提升中欧全面战略伙伴关系的全球影响力，为世界发展繁荣作出更大贡献。

广大发展中国家是我国走和平发展道路的同路人。习近平总书记全面阐述中国对非政策，提出对非合作要讲“真、实、亲、诚”，强调中非合作的互利共赢性质，表示中国将不折不扣落实承诺，不附加任何政治条件，重在帮助非洲国家把资源优势转化为发展优势，实现多元、自主、可持续发展。“海内存知己，天涯若比邻。”中国与拉美和加勒比国家虽然相距遥远，但友好关系源远流长，双方将增进政治互信，加强务实合作，不断提升整体合作水平。中国同阿拉伯国家彼此是相互尊重、相互认同、相互信赖的好朋友、好兄弟、好伙伴，双方将弘扬丝绸之路精神，即促进文明互鉴、尊重道路选择、坚持合作共赢、倡导对话和平，不断深化全面合作、共同发展的中阿战略合作关系。

中国的和平发展是世界的机遇。随着国力不断增强，中国必将在力所能及范围内承担更多国际责任和义务，为人类和平与发展作出更大贡献。中国积极倡导和践行多边主义，积极参与多边事务，高度重视联合国的作用，支持二十国集团、上海合作组织、金砖国家等发挥积极作用。中国推动亚洲相互协作与信任措施会议为亚洲安全发挥更大作用，倡导共同、综合、合作、可持续的亚洲安全观，搭建地区安全和合作新架构。中国坚定维护世界和平事业，始终维护《联合国宪章》的宗旨以及国际关系的基本准则。中国大力推动国际发展事业，积极推动实现联合国千年发展目标，积极应对气候变化等全球性问题，发出中国声音，提出中国方案，贡献中国智慧。

3. 按照亲、诚、惠、容理念推进周边外交

远亲不如近邻。无论从地理方位、自然环境还是相互关系看，周边对我国都具有极为重要的战略意义。我国周边充满生机活力，有明显发展优势和潜力，周边环境总体上是稳定的，睦邻友好、互利合作是周边国家对华关系的主流。二〇一三年十月，习近平总书记在周边外交工作座谈会上强调，要谋大势、讲战略、重运筹，把周边外交工作做得更好。

我国周边外交的基本方针，就是坚持与邻为善、以邻为伴，坚持睦邻、安邻、富邻，突出体现亲、诚、惠、容的理念。亲、诚、惠、容这“四字箴言”，是新形势下中国坚持走和平发展道路的一份生动宣言，是对多年来中国周边外交实践的一个精辟概括，也反映了我国新一届中央领导集体外交理念的创新发展。亲是指巩固地缘相近、人缘相亲的友好情谊，要坚持睦邻友好、守望相助，讲平等、重感情，常见面、多走动，多做得人心、暖人心的事，使周边国家对我们更友善、更亲近、更认同、更支持，增强亲和力、感召力、影响力。诚是指坚持以诚待人、以信取人的相处之道，要诚心诚意对待周边国家，争取更多朋友和伙伴。惠是指履行惠及周边、互利共赢的合作理念，要本着互惠互利的原则同周边国家开展合作，编织更加紧密的共同利益网络，把双方利益融合提升到更高水平，让周边国家得益于我国发展，使我国也从周边国家共同发展中获得裨益和助力。容是指展示开放包容、求同存异的大国胸怀，要倡导包容的思想，强调亚太之大容得下大家共同发展，以更加开放的胸襟和更加积极的态度促进地区合作。

做好新形势下周边外交工作，要从战略高度分析和处理问题，提高驾驭全局、统筹谋划、操作实施能力，全面推进周边外交。着力维护周边和平稳定大局，决不允许在我们自己家门口生乱生事，决不接受中国的发展进程再度受到干扰和打断。着力深化互利共赢

格局，统筹经济、贸易、科技、金融等方面资源，利用好比较优势，找准深化同周边国家互利合作的战略契合点，积极参与区域经济合作。着力推进同周边国家的安全合作，主动参与区域和次区域安全合作，深化有关合作机制，增进战略互信。着力加强对周边国家的宣传工作、公共外交、民间外交、人文交流，巩固和扩大我国同周边国家关系长远发展的社会和民意基础。

对周边和发展中国家，一定要坚持正确义利观。习近平总书记指出，要找到利益的共同点和交汇点，坚持正确义利观，有原则、讲情谊、讲道义，多向发展中国家提供力所能及的帮助。只有坚持正确义利观，才能把工作做好、做到人的心里去，这是中国外交得道多助的一个重要基础。政治上要秉持公道正义，坚持平等相待，遵守国际关系基本原则，反对霸权主义和强权政治，反对为一己之私损害他人利益、破坏地区和平稳定。经济上要坚持互利共赢、共同发展。对那些长期对华友好而自身发展任务艰巨的周边和发展中国家，要更多考虑对方利益，不要损人利己、以邻为壑。

4. 坚决维护国家核心利益

中国坚定不移走和平发展道路，始终不渝倡导合作共赢理念。但是，中国走和平发展道路、倡导合作共赢是有底线的，这就是坚决维护国家核心利益。

现在，有些国家片面理解中国的和平发展道路，片面理解我国倡导的合作共赢理念，以为中国为了发展会轻视这一底线。二〇一三年一月，习近平总书记在中央政治局第三次集体学习时指出："我们要坚持走和平发展道路，但决不能放弃我们的正当权益，决不能牺牲国家核心利益。任何外国不要指望我们会拿自己的核心利益做交易，不要指望我们会吞下损害我国主权、安全、发展利益的苦果。"这些话掷地有声，字字千钧，从根本上讲清了坚持和平发展与维护国家利益的辩证统一关系。

坚决维护国家的核心利益是中国外交的神圣使命。新中国成立六十多年来，中国在维护国家独立和主权、捍卫民族尊严上的立场是一贯的。如果说几十年前，中国在一穷二白的时候敢于维护国家利益，反对世界强权，从未在外来压力下弯过腰、低过头，那么现在中国发展强大了，更不会屈服于任何外来压力。一些人把中国维护合理合法的国家权益说成是“咄咄逼人”、“傲慢”、“强硬”，鼓吹“中国威胁”等论调，都是站不住脚的。

要始终把坚决维护国家主权、安全、发展利益作为外交工作的基本出发点和落脚点。稳妥应对涉我领土主权和海洋权益争端，坚决维护国家的领土主权。坚决在国际上遏制“台独”、“藏独”、“东突”等分裂势力的破坏活动，防范国际暴力恐怖活动向境内渗透，维护国家主权和安全。不回避矛盾和问题，妥善处理同有关国家的分歧和摩擦，同时推动各领域交流合作，通过合作扩大共同利益的汇合点，努力维护同周边国家关系及地区和平稳定大局。

我国的和平发展不会一帆风顺。我们不惹事，但也不怕事。在涉及我国核心利益的问题上，我们要敢于划出红线，亮明底线。随着我国和平发展进程的不断深入，我们维护国家利益的资源和手段将会越来越多，维护国家利益的地位也会越来越主动。

2014 年 7 月 15 日

积极树立亚洲安全观 共创安全合作新局面

——在亚洲相互协作与信任措施会议第四次峰会上的讲话

中华人民共和国主席　习近平

各位来宾，各位同事，女士们，先生们，朋友们：

感谢土耳其总统特别代表达乌特奥卢外长刚才的发言。值此中方担任亚信主席国之际，我谨对各方特别是亚信倡议国哈萨克斯坦和前任主席国土耳其给予中方的信任和支持，表示衷心的感谢！

现在，我代表中华人民共和国发言。

今天，包括亚信成员国、观察员、峰会客人在内的47个国家和国际组织的领导人及代表相聚上海，大家围绕“加强对话、信任与协作，共建和平、稳定与合作的新亚洲”这一主题，共商安全合作大计，共谋长治久安良策，共襄发展繁荣盛举，对亚洲和世界安全都意义重大、影响深远。

今天的亚洲，拥有全世界67%的人口和三分之一的经济总量，是众多文明、民族的汇聚交融之地。亚洲和平发展同人类前途命运息息相关，亚洲稳定是世界和平之幸，亚洲振兴是世界发展之福。

今天的亚洲，虽然面临的风险和挑战增多，但依然是世界上最具发展活力和潜力的地区，和平、发展、合作、共赢始终是地区形势主流，通过协商谈判处理分歧争端也是地区国家主要政策取向。亚洲在世界战略全局中的地位不断上升，在世界多极化、国际关系民主化进程中发挥着越来越重要的作用。亚洲良好局面来之不易，值得倍加珍惜。

今天的亚洲，区域经济合作方兴未艾，安全合作正在迎难而上，各种合作机制更加活跃，地区安全合作进程正处在承前启后的关键阶段。

“明者因时而变，知者随事而制。”形势在发展，时代在进步。要跟上时代前进步伐，就不能身体已进入21世纪，而脑袋还停留在冷战思维、零和博弈的旧时代。我们认为，应该积极倡导共同、综合、合作、可持续的亚洲安全观，创新安全理念，搭建地区安全和合作新架构，努力走出一条共建、共享、共赢的亚洲安全之路。

共同，就是要尊重和保障每一个国家安全。亚洲多样性特点突出，各国大小、贫富、强弱很不相同，历史文化传统和社会制度千差万别，安全利益和诉求也多种多样。大家共同生活在亚洲这个大家园里，利益交融、安危与共，日益成为一荣俱荣、一损俱损的命运共同体。

安全应该是普遍的。不能一个国家安全而其他国家不安全，一部分国家安全而另一部分国家不安全，更不能牺牲别国安全谋求自身所谓绝对安全。否则，就会像哈萨克斯坦谚语说的那样："吹灭别人的灯，会烧掉自己的胡子。"

安全应该是平等的。各国都有平等参与地区安全事务的权利，也都有维护地区安全的责任。任何国家都不应该谋求垄断地区安全事务，侵害其他国家正当权益。

安全应该是包容的。应该把亚洲多样性和各国的差异性转化为促进地区安全合作的活力和动力，恪守尊重主权、独立和领土完整、互不干涉内政等国际关系基本准则，尊重各国自主选择的社会制度和发展道路，尊重并照顾各方合理安全关切。强化针对第三方的军事同盟不利于维护地区共同安全。

综合，就是要统筹维护传统领域和非传统领域安全。亚洲安全问题极为复杂，既有热点敏感问题，又有民族宗教矛盾，恐怖主义、跨国犯罪、环境安全、网络安全、能源资源安全、重大自然灾害等带来的挑战明显上升，传统安全威胁和非传统安全威胁相互交织，安全问题的内涵和外延都在进一步拓展。

我们应该通盘考虑亚洲安全问题的历史经纬和现实状况，多管齐下、综合施策，协调推进地区安全治理。既要着力解决当前突出的地区安全问题，又要统筹谋划如何应对各类潜在的安全威胁，避免头痛医头、脚痛医脚。

对恐怖主义、分裂主义、极端主义这"三股势力"，必须采取零容忍态度，加强国际和地区合作，加大打击力度，使本地区人民都能够在安宁祥和的土地上幸福生活。

合作，就是要通过对话合作，促进各国和本地区安全。有句谚语说得好："力量不在胳膊上，而在团结上。"要通过坦诚深入的对话沟通，增进战略互信，减少相互猜疑，求同化异、和睦相处。要着眼各国共同安全利益，从低敏感领域入手，积极培育合作应对安全挑战的意识，不断扩大合作领域、创新合作方式，以合作谋和平、以合作促安全。要坚持以和平方式解决争端，反对动辄使用武力或以武力相威胁，反对为一己之私挑起事端、激化矛盾，反对以邻为壑、损人利己。

亚洲的事情归根结底要靠亚洲人民来办，亚洲的问题归根结底要靠亚洲人民来处理，亚洲的安全归根结底要靠亚洲人民来维护。亚洲人民有能力、有智慧通过加强合作来实现亚洲和平稳定。

亚洲是开放的亚洲。亚洲国家在加强自身合作的同时，要坚定致力于同其他地区国家、其他地区和国际组织的合作，欢迎各方为亚洲安全和合作发挥积极和建设性作用，努力实现双赢、多赢、共赢。

可持续，就是要发展和安全并重以实现持久安全。"求木之长者，必固其根本；欲流之远者，必浚其泉源。"发展是安全的基础，安全是发展的条件。贫瘠的土地上长不成和平的大树，连天的烽火中结不出发展的硕果。对亚洲大多数国家来说，发展就是最大安全，也是解决地区安全问题的"总钥匙"。

要建造经得起风雨考验的亚洲安全大厦，就应该聚焦发展主题，积极改善民生，缩小贫富差距，不断夯实安全的根基。要推动共同发展和区域一体化进程，努力形成区域经济合作和安全合作良性互动、齐头并进的大好局面，以可持续发展促进可持续安全。

女士们、先生们、朋友们！

亚信是亚洲覆盖范围最大、成员数量最多、代表性最广的地区安全论坛。20 多年来，亚信以增进互信协作、促进亚洲安全稳定为己任，秉持协商一致原则，为加深理解、凝聚共识、深化合作作出了重要贡献。

当前，亚洲人民对和平稳定的渴望更加强烈，对携手应对安全挑战的需求更加迫切。

中方建议，推动亚信成为覆盖全亚洲的安全对话合作平台，并在此基础上探讨建立地区安全合作新架构。中方认为可以考虑根据形势发展需要，适当增加亚信外长会乃至峰会频率，以加强对亚信的政治引领，规划好亚信发展蓝图。

中方建议，加强亚信能力和机制建设，支持完善亚信秘书处职能，在亚信框架内建立成员国防务磋商机制及各领域信任措施落实监督行动工作组，深化反恐、经贸、旅游、环保、人文等领域交流合作。

中方建议，通过举办亚信非政府论坛等方式，建立亚信各方民间交流网络，为广泛传播亚信安全理念、提升亚信影响力、推进地区安全治理奠定坚实社会基础。

中方建议，增强亚信的包容性和开放性，既要加强同本地区其他合作组织的协调和合作，也要扩大同其他地区和有关国际组织的对话和沟通，共同为维护地区和平稳定作出贡献。

中国将履行亚信主席国职责，同各方一道，进一步提升亚信地位和作用，携手开创亚洲安全合作新局面。

女士们、先生们、朋友们！

中国始终是维护地区和世界和平、促进共同发展的坚定力量。中国同印度、缅甸共同倡导的和平共处五项原则，日益成为指导国家间关系的基本准则。中国一贯致力于通过和平方式处理同有关国家的领土主权和海洋权益争端，已经通过友好协商同14个邻国中的12个国家彻底解决了陆地边界问题。中国积极参与地区安全合作，同有关国家发起成立上海合作组织，倡导互信、互利、平等、协作的新安全观，支持东盟、南盟、阿盟等在地区事务中发挥积极作用。中国同俄罗斯共同提出亚太安全与合作倡议，为巩固和维护亚太地区和平稳定发挥重要作用。中国推动六方会谈进程，支持阿富汗和平重建，为通过对话谈判解决国际和地区热点问题而不懈努力。中国同地区国家和国际社会合作应对亚洲金融危机和国际金融危机，为促进地区和世界经济增长作出了应有贡献。

中国坚定不移走和平发展道路，始终不渝奉行互利共赢的开放战略，在和平共处五项原则基础上发展同世界各国友好合作。中国和平发展始于亚洲、依托亚洲、造福亚洲。

“亲望亲好，邻望邻好。”中国坚持与邻为善、以邻为伴，坚持睦邻、安邻、富邻，践行亲、诚、惠、容理念，努力使自身发展更好惠及亚洲国家。中国将同各国一道，加快推进丝绸之路经济带和21世纪海上丝绸之路建设，尽早启动亚洲基础设施投资银行，更加深入参与区域合作进程，推动亚洲发展和安全相互促进、相得益彰。

“山积而高，泽积而长。”中国是亚洲安全观的积极倡导者，也是坚定实践者。中方将一步一个脚印加强同各方的安全对话和合作，共同探讨制定地区安全行为准则和亚洲安全伙伴计划，使亚洲国家成为相互信任、平等合作的好伙伴。中方愿意同地区国家建立常态化交流合作机制，共同打击“三股势力”；探讨建立亚洲执法安全合作论坛、亚洲安全应急中心等，深化执法安全合作，协调地区国家更好应对重大突发安全事件。中方倡议通过召开亚洲文明对话大会等方式，推动不同文明、不同宗教交流互鉴、取长补短、共同进步。

女士们、先生们、朋友们！

中国人民正在努力实现中华民族伟大复兴的中国梦，同时愿意支持和帮助亚洲各国人民实现各自的美好梦想，同各方一道努力实现持久和平、共同发展的亚洲梦，为促进人类和平与发展的崇高事业作出新的更大的贡献！

2014 年 5 月 21 日

参考文献

一、中文专著

1. 王之佳:《中国环境外交》，中国环境科学出版社 1999 年版。
2. 王之佳:《对话与合作：全球环境问题与中国环境外交》，中国环境科学出版社 2003 年版。
3. 丁金光:《国际环境外交》，中国社会科学出版社 2007 年版。
4. 蔡守秋:《环境外交概论》，香港中华科学出版社 1992 年版。
5. 黄全胜:《环境外交综论》，中国环境科学出版社 2008 年版。
6. 张海滨:《环境与国际关系》，上海人民出版社 2008 年版。
7. 王逸舟:《全球政治和中国外交》，世界知识出版社 2003 年版。
8. 王逸舟:《西方国际政治学：历史与理论》，上海人民出版社 2006 年版。
9. 曲格平:《关注中国生态安全》，中国环境科学出版社 2004 年版。
10. 曲格平、尚忆出:《全球环境问题的发展》，中国环境科学出版社 1987 年版。
11. 王曦:《国际环境法》，法律出版社 2005 年版。
12. 王杰等主编:《全球治理中的国际非政府组织》，北京大学出版社 2004 年版。

13. 国家环境保护局编:《党和国家领导人谈环境保护》，中国环境科学出版社 1996 年版。
14. 韩德培主编:《环境资源法论丛》（第 1 卷），法律出版社 2001 年版。
15. 吕志梅主编:《环境资源法论丛》（第 6 卷），法律出版社 2006 年版。
16. 薄燕主编:《环境问题与国际关系》，上海人民出版社 2007 年版。
17. 蔡守秋主编:《欧盟环境政策法律研究》，武汉大学出版社 2002 年版。
18. 国家计划委员会编:《中国 21 世纪议程》，中国环境科学出版社 1994 年版。
19. 蔡拓等:《全球问题与当代国际关系》，天津人民出版社 2002 年版。
20. 蔡拓等:《当代全球问题》，天津人民出版社 1994 年版。
21. 蔡拓:《全球化与政治的转型》，北京大学出版社 2007 年版。
22. 李少军:《国际政治学概论》，上海人民出版社 2009 年版。
23. 王逸舟主编:《全球化时代的国际安全》，上海人民出版社 1999 年版。
24. 王逸舟主编:《国际政治理论与战略前沿问题》，社会科学文献出版社 2007 年版。
25. 倪世雄等:《当代西方国际关系理论》，复旦大学出版社 2001 年版。
26. 阎学通等:《中国崛起：国际环境评估》，天津人民出版社 1998 年版。
27. 李慎明、王逸舟主编，中国社会科学院世界经济与政治研究所集体编写:《全球政治与安全报告》，社会科学文献出版社 2007

年版。
28. 倪健民主编:《国家能源安全报告》，人民出版社 2005 年版。
29. 梁从诫主编:《2005 年：中国的环境危局与突围》，社会科学文献出版社 2006 年版。
30. 林灿铃等:《国际环境法理论与实践》，知识产权出版社 2008 年版。
31. 林灿铃:《国际环境法》，人民出版社 2011 年版。
32. 林灿铃等:《国际环境法的产生与发展》，人民法院出版社 2006 年版。
33. 国家环境保护总局国际合作司编:《国际环境法公约选辑》，中国环境科学出版社 2007 年版。
34. 文同爱:《国家环境法治建设与中国》，中国法制出版社 2008 年版。
35. 高中华:《环境问题抉择论：生态文明问题的理性思考》，社会科学文献出版社 2004 年版。
36. 阎学通:《中国国家利益分析》，天津人民出版社 1996 年版。
37. 朱明权:《美国国家安全政策》，天津人民出版社 1996 年版。
38. 张小明:《冷战及其遗产》，上海人民出版社 1998 年版。
39. 韩广等:《中国环境保护法的基本制度研究》，中国法制出版社 2007 年版。
40. 徐淑萍:《环境与贸易的法律问题研究》，武汉大学出版社 2002 年版。
41. 陈振明主编:《公共管理学》，中国人民大学出版社 2003 年版。
42. 杨东平主编、自然之友编:《中国环境发展报告（2009）》，社会科学文献出版社 2009 年版。
43. 靳利华:《生态与当代国际政治》，南开大学出版社 2014 年版。
44. 俞正樑等:《全球化时代的国际关系》，复旦大学出版社 2000 年版。
45. 苏长和：《全球公共问题与国际合作：一种制度的分析》，上海人民出版社 2000 年版。
46. 肖显静：《生态政治：面对环境问题的国家抉择》，山西科学技术出版社 2003 年版。
47. 王之佳：《中国环境外交（下）：从里约热内卢到约翰内斯堡》，中国环境科学出版社 2012 年版。
48. 秦亚青等：《国际体系与中国外交》，世界知识出版社 2009 年版。
49. 世界环境与发展委员会：《我们共同的未来》，王之佳等译，吉林人民出版社 1997 年版。
50. 《21 世纪议程》，国家环境保护局译，中国环境科学出版社 1993 年版。
51. 俞可平主编：《治理与善治》，社会科学文献出版社 2000 年版。
52. 张海滨：《环境与国际关系：全球环境问题的理性思考》，上海人民出版社 2008 年版。
53. 中国社会科学院工业经济研究所、日本综合研究所编辑：《现代日本经济事典》，中国社会科学出版社、日本总研出版股份公司 1982 年版。
54. 孙林主编：《环境法与可持续发展：联合国环境规划署沿着新道路前进》，中国环境科学出版社 1996 年版。
55. ［美］爱蒂斯·布朗·魏伊丝：《公平地对待未来人类：国际法、共同遗产与世代间衡平》，汪劲等译，法律出版社 2000 年版。
56. ［美］莱斯特·R. 布朗：《B 模式：拯救地球　延续文明》，林自新等译，东方出版社 2003 年版。
57. ［英］巴里·布赞：《人、国家与恐惧：后冷战时代的国际安全研究议程》，阎建、李剑译，中央编译出版社 2009 年版。
58. [美] 莫顿·A. 卡普兰：《国际政治的系统与过程》，薄智跃译，中国人民公安大学出版社 1989 年版。
59. [美] 罗·麦克纳马拉、詹·布莱特：《历史的教训：美国国家安全战略建言书》，张立平译，世界知识出版社 2005 年版。
60. [美] 罗伯特·基欧汉、海伦·米尔纳：《国际化与国内政治》，姜鹏、董素华译，北京大学出版社 2003 年版。
61. [美] 丹尼尔·A. 科尔曼：《生态政治：建设一个绿色社会》，梅俊杰译，上海译文出版社 2006 年版。
62. [美] 罗尼·利普舒茨：《全球环境政治：权力、观点和实践》，郭志俊、蔺雪春译，山东大学出版社 2012 年版。
63. [美] 詹姆斯·多尔蒂、小罗伯特·普法尔茨格拉芙：《争论中的国际关系理论》（第 5 版），阎学通等译，世界知识出版社 2003 年版。
64. [澳] 克雷格·A. 斯奈德等：《当代安全与战略》，徐纬地等译，吉林人民出版社 2001 年版。
65. [日] 田中角荣：《日本列岛改造论》，秦新译，商务印书馆 1972 年版。
66. [英] 戴维·赫尔德、安东尼·麦克格鲁主编：《全球化理论：研究路径与理论论争》，王生才译，社会科学文献出版社 2009 年版。
67. [英] 巴里·布赞、[丹麦] 琳娜·汉森：《国际安全研究的演化》，余潇枫译，浙江大学出版社 2011 年版。
68. [澳] 约翰·德赖泽克：《地球政治学：环境话语》，蔺雪春、郭晨星译，山东大学出版社 2008 年版。

二、期刊论文

1. 丑则静、李晓于："试析后哥本哈根时代中国环境外交新走向"，载《知识经济》2010年第11期。
2. 王利涛："国际传播视野中的中国环境外交——以哥本哈根世界气候变化大会为例"，载《国际论坛》2010年第3期。
3. 齐峰："改革开放30年中国环境外交的解读与思考——兼论构建环境外交新战略"，载《中国科技论坛》2009年第3期。
4. 齐峰："科学发展观维度下的中国环境外交新战略构建"，载《桂海论丛》2009年第3期。
5. 孙凤蕾："跨国公司在全球环境治理中的作用"，载《社科纵横》2009年第7期。
6. 陈艳平、贺新元："生态殖民主义：本质、表现及其对策"，载《延安大学学报》（社会科学版））2009年第4期。
7. 马忠国："金融危机下国际贸易壁垒的新形式与应对策略"，载《现代商业》2009年第29期。
8. 吴兆雪、李渊喆："呵护地球家园、构建和谐世界——简论中国新环境外交观"，载《理论建设》2008年第1期。
9. 张海滨："世界环境七大国：环境外交之比较"，载《绿叶》2008年第4期。
10. 王小东："在环境外交中争取最大的国家利益"，载《绿叶》2008年第4期。
11. 丁金光："中国环境外交的成就与问题"，载《绿叶》2008年第4期。
12. 张世秋："在全球化－国内关系中思考中国环境外交"，载《绿叶》2008年 第4期。
13. 丁金光："应对全球环境问题的新思路——《环境与国际关系：全球环境问题的理性思考》一书评介"，载《世界经济与政治论坛》2008 年第 2 期。
14. 冯玉然："'绿色壁垒'形成机制与政府对策"，载《合作经济与科技》2008 年第 3 期。
15. 王彬："试论中印环境合作问题"，载《商丘师范学院学报》2008 年第 4 期。
16. 黄修文："浅析我国的生态环境建设与发展"，载《企业家天地下半月刊》（理论版）2008 年第 6 期。
17. 冯昭奎、林信太郎："让'国际维绿行动'提上日程"，载《世界知识》2008 年第 14 期。
18. 郭秀清："新世纪中国环境外交的历史重任"，载《南京政治学院学报》2008 年第 4 期。
19. 原丽红："从环境外交困境看中国生态文明建设"，载《南京林业大学学报》（人文社会科学版）2008 年第 3 期。
20. 张小平："论框架公约——以国际环境条约为例"，载《外交评论》（外交学院学报）2007 年第 4 期。
21. 吕建华："生态环境问题：国际政治经济新焦点"，载《新远见》2007 年第 9 期。
23. 丁金光："中国环境外交的开端：成就与问题"，载《甘肃社会科学》2007 年第 5 期。
24. 史卉："关于中国环境安全战略的思考"，载《内蒙古师范大学学报》（哲学社会科学版）2007 年第 6 期。
25. 任国玉、徐影："从未来气候情景看主要发达国家的气候谈判立场"，载《中国科技论坛》2006 年第 2 期。
26. 史卉："中国处理松花江污染事件的成功实践"，载《前沿》2006 年第 10 期。
27. 黄晶："经济全球化背景下国际可持续发展进程的政治外交效应"，载《中国人口、资源与环境》2006 年第 6 期。

28. 徐伟："析中国环境外交的特点"，载《科学与管理》2005 年第 2 期。
29. 秦大河："气候变化的事实、影响及我国的对策"，载《外交学院学报》2004 年第 3 期。
30. 唐辉宇："应对'绿色壁垒'的十大对策"，载《轻工机械》2004 年第 4 期。
31. 李红霞："环境体制和环境保护新模式：我们所在何处?"，载《国外社会科学》2003 年第 2 期。
32. 吕杰："中国环境外交与国内环境保护"，载《中国人口、资源与环境》2003 年第 5 期。
33. 刘乃京："环境外交：国际力量互动与较量的新界面"，载《国际论坛》2003 年第 6 期。
34. 王茂涛："环境安全与国际关系的'绿'化"，载《阜阳师范学院学报》（社会科学版）2003 年第 5 期。
35. 廖华："论我国构建'绿色壁垒'的必要性及法律对策"，载《法商研究》2002 年第 6 期。
36. 黎勇、彭立颖："从世界可持续发展高峰会议的成果看能源问题的紧迫性与艰巨性"，载《环境保护》2002 年第 10 期。
37. 元东郁："中、日、韩三国对外环境政策与东北亚环境合作"，载《世界经济与政治论坛》2002 年第 3 期。
38. 林智理："生态环境问题对政治活动的影响"，载《中国人口、资源与环境》2002 年第 3 期。
39. 陶应发、张学才："环境问题中的民族利益"，载《湖北社会科学》2002 年第 9 期。
40. 魏建文："美国与全球可持续发展"，载《广西社会科学》2002 年第 1 期。
41. 关键："应对'绿色壁垒'的十大对策"，载《中国机电工业》

2002 年第 10 期。
42. 李伟："试论环境外交中的西方霸权"，载《理论月刊》2002 年第 11 期。
43. 鲁远："发达国家的环境政策"，载《世界环境》2002 年第 1 期。
44. 陈竹华、寿小丽："中国环境外交的历史演变与现实挑战"，载《中国人口、资源与环境》2001 年第 4 期。
45. 袁福珍、陈颂桥："发达国家环境外交战略及我国的政策"，载《长春市委党校学报》2001 年第 2 期。
46. 郑捷："中国环境外交的发展历程及其在国际社会中的地位和作用"，载《福建环境》2001 年第 1 期。
47. 孙凯："从边缘到主流：环境外交发展历程"，载《新视野》2001 年第 5 期。
48. 解振华："努力推进新时期环境外交工作"，载《环境保护》2000 年第 7 期。
49. 王义桅："环境问题对国际关系的影响"，载《世界经济与政治论坛》2000 年第 4 期。
50. 朱素梅："全球环保领域中的跨国公司及其环境外交"，载《世界经济与政治》2000 年第 5 期。
51. 田文林："当前国际政治视野中的环境问题"，载《河北师范大学学报》（哲学社会科学版）2000 年第 3 期。
52. 那力："概念透视：环境安全与环境外交"，载《法制与社会发展》2000 年第 6 期。
53. 王毅："环境外交与中国"，载《科技潮》2000 年第 1 期。
54. 万劲波："WTO 环境外交的新领域"，载《环境》2000 年第 3 期。
55. 蔡守秋："论环境外交的发展趋势和特点"，载《上海环境科学》1999 年第 6 期。
56. 康瑞华、曲秋红："大国的环境外交与中国的对策"，载《现代国际关系》1999 年第 4 期。
57. 姜太平："战后日本环境政策演变初探"，载《现代日本经济》1999 年第 5 期。
58. 林凌、黄剑雄："环境问题对当代世界政治的影响"，载《现代国际关系》1997 年第 1 期。
59. 梁琦："国际贸易中的环保态势剖析"，载《生产力研究》1997 年第 6 期。
60. 柯金良："开展环境外交　扩大环保合作——1996 年环保领域国际交流回顾"，载《世界环境》1997 年第 2 期。
61. 林凌、黄剑雄："试论环保对当代世界政治经济的影响"，载《世界经济与政治》1997 年第 3 期。
62. 吴玉萍："环境外交：国际环境与发展领域合作与斗争的重要方式"，载《世界环境》1996 年第 4 期。
63. 赵英："生态环境与国家安全"，载《森林与人类》1996 年第 6 期。
64. 刘晓强等："第三世界的环境问题及其对国际政治的影响"，载《理论导刊》1995 年第 5 期。
65. 叶汝求："我国环境外交的产生和发展"，载《环境科学动态》1995 年第 1 期。
66. 林晓光："为了一个常绿常青的地球"，载《国际观察》1994 年第 3 期。
67. 罗应璇："现今国际关系中的环境保护问题"，载《贵州民族学院学报》（社会科学版）1994 年第 2 期。
68. 向跃霖："市场经济与'环保力'"，载《中国环境管理》1994 年第 3 期。

69. 海证："联合国环发大会与国际海洋环境外交"，载《海洋与海岸带开发》1994 年第 1 期。
70. 张海滨："中国环境外交初探"，载《北京大学学报》（哲学社会科学版）1993 年第 5 期。
71. 黄月华："对人类生存危机与国际环境法的思考"，载《现代法学》1993 年第 6 期。
72. 屠启宇："环境外交的主题——国际环境立法"，载《 国际展望》1993 年第 11 期。
73. 金镒明："环境保护知识讲座（二）——全球性环境保护浪潮（下）"，载《生物学通报》1993 年第 6 期。
74. 许化、谢肇国："试论我国的环境外交政策"，载《中国环境管理》1992 年第 1 期。
75. 孙林："活跃的'环境外交'"，载《世界知识》1992 年第 9 期。
76. 向弘剑："开辟外交领域的新天地"，载《中国图书评论》1992 年第 6 期。
77. 任耐安："发展环境教育事业是国内外环境保护形势的需要"，载《环境与可持续发展》1992 年第 3 期。
78. 屠启宇："环境外交——日本实现大国梦的新手段"，载《国际展望》1992 年第 22 期。
79. 续建宜、贾春华："关于跨国污染与国际关系问题的探索"，载《解放军外国语学院学报》1991 年第 4 期。
80. 钱春元："世界环境外交活跃"，载《瞭望》1991 年第 Z1 期。
81. 查汝强："建立国际生态新秩序"，载《世界经济与政治》1991 年第 5 期。
82. 刘大群："国际环境外交的新动向"，载《国际问题研究》1990 年第 4 期。
83. 范亚新："中国环境外交：冷战后的发展"，载《改革与开发》

2011 年第 6 期。
84. 王逸舟："论中国外交转型"，载《学习与探索》2008 年第 5 期。

三、学位论文

1. 李渊喆："中国新环境外交观研究"，中国科学技术大学 2009 年硕士学位论文。
2. 葛安杰："中国环保战略及其环境外交——在国内经济发展和外部压力两者中的艰难选择"，复旦大学 2009 年硕士学位论文。
3. 黄婉莹："21 世纪中国环境外交之探析"，河南大学 2008 年硕士学位论文。
4. 黄全胜："环境外交综论"，中共中央党校 2008 年博士学位论文。
5. 荀月红："21 世纪中国环境外交研究"，暨南大学 2008 年硕士学位论文。
6. 王汝菲："21 世纪环境挑战与中国环境外交"，外交学院 2007 年硕士学位论文。
7. 宋立峰："中国生态环境建设与环境外交"，青岛大学 2007 年硕士学位论文。
8. 袁静："全球气候变化问题的外交博弈"，福建师范大学 2006 年硕士学位论文。
9. 姚卓："试论中国环境外交与国际环境制度的相互关系——以沟通行为体为分析视角"，外交学院 2006 年硕士学位论文。
10. 刘忠山："国际环境合作的发展及面临的困境"，青岛大学 2006 年硕士学位论文。
11. 李玲："中国环境外交初探"，东北师范大学 2005 年硕士学位论文。

四、政府文件、社会新闻

1.《中共中央关于制定国民经济和社会发展第十二个五年规划的建议》，载环境保护部网站，http：//www. mep. gov. cn/zhxx/hjywyd/201010/t20101019_ 195712. htm.

2. “政府工作报告”，载中央政府网站，http：//www. gov. cn/guowuyuan/2015 -03/16/content_ 2835101. htm.

3. 国环境与发展国际合作委员会 2006 年专题政策报告第五期“环境执政能力政策研究”，载中国环境与发展国际合作委员会网站，http：//www. cciced. net /zcyj/ztbg/subjectpolicy06/.

4. “执行主任接受新华社专访：中国可再生能源发展引领全球步伐”，载联合国环境规划署中文官方微博。

5. “人类学家提出可能引发地球崩溃的 12 个因素”，载人民网，http：//env. people. com. cn/GB/11713673. html.

6. “2014 年全球一半自然灾害发生在亚太地区”，载联合国中文网站，http：//www. un. org/chinese/News.

7. “联合国开发计划署署长海伦·克拉克”，载 http：//www. huanqiu. com.

8. “环境保护大事记”，载环境保护部网站，http：//bgt. mep. gov. cn/hbdsj.

9. “胡锦涛在中国共产党第十七次全国代表大会上的报告”，载新华网，http：//news. xinhuanet. com/newscenter/2007 -10/24/content_ 6938568_ 9. htm.

10. “国合会 2010 年年会 11 月 10 日下午文字实录”，载国合会 2010 年年会 11 月 10 日下午文字实录网站，http：//www. cciced. net/ztbd/nh/2010nnh/wzsl/201210/t20121017_ 239067. html.

11. “紧紧围绕主题主线新要求　努力开创环保工作新局面——周生贤部长在 2011 年全国环境保护工作会议上的讲话”，载环境保护部网站，http：//www. mep. gov. cn/gkml/hbb/qt/201101/t20110120_ 200070. htm.

12. “温家宝所作政府工作报告（十一届人大三次会议）”，载中央人民政府网站，http：//www. gov. cn/2010lh/content_ 1555767. htm.

13. “坚定不移沿着中国特色社会主义道路前进　为全面建成小康社会而奋斗——在中国共产党第十八次全国代表大会上的报告”，载新华网，http：//www. xj. xinhuanet. com/2012 －11/19/c_ 113722546. htm.

14. “习近平系列重要讲话读本：绿水青山就是金山银山——关于大力推进生态文明建设”，载人民网，http：//opinion. people. com. cn /n/2014/0711/c1003 －25271026. html.

15. “国合会 2010 年年会 11 月 10 日下午文字实录”，载中国环境与发展国际合作委员会网站，http：//www. mep. gov. cn.

16. 环境保护部网站官网国际合作数据，载环境保护部网站，http：//gjs. mep. gov. cn/g#hz/index. htm.

17. “《中国的环境保护》白皮书”，载人民网，http：//www. people. com. cn/GB/channel2/10/20000908/224887. html.

18. “北京奥组委举行新闻发布会　承诺奥运期间空气质量达标”，载环境保护部网站，http：//www. zhb. gov. cn/zhxx/hjyw/200802/t20080228_ 118737. htm.

19. “中国外交部发言人呼吁发达国家率先减排”，载新华网，http：//news. xinhuanet. com/world/2009 －02/05/content_ 10769838. htm.

20. “国务院关于印发节能减排‘十二五’规划的通知”，载工业与信息化部网站，http：//www. miit. gov. cn/n11293472/n11293832/n13095885/14789472. html.

21. “贯彻环境保护基本国策 实现可持续发展——就我国改革开放以来环境保护事业发展访李鹏同志”，载环境保护部宣传教育中心网站，http：//www. chinaeol. net/news/view. asp? id = 58413 & cataid = 10.

22. “中国政府明确 2010 年节能减排目标和要求”，载中央人民政府门户网站，http：//www. gov. cn/zwhd/2007 – 06/03/content_634679. htm.

23. 姜文来：“积极应对‘中国环境威胁论’”，载人民网，http：//env. people. com. cn/GB/8220/50290/4376561. html.

24. 孙韶华、胡嘉男：“WTO 初裁中国限制原材料出口违规　下一个可能锁定稀土”，载《经济参考报》2011 年 2 月 23 日。

25. “2010 年全球共发生自然灾害 950 起　经济损失 1300 亿美元”，载央广网，http：//www. cnr. cn/jingji/yaowen/201101/t20110105_507547594. html.

26. “去年全国因灾直接经济损失 5339. 9 亿元　为近 20 年第二重灾年份”，载人民网 http：//finance. people. com. cn/GB/13740549. html.

27. “2014 年各类自然灾害造成全国 1583 人死亡”，载新华网，http：//news. xinhuanet. com/politics/2015 – 01/05/c_ 1113884854. htm.

28. “联合国约翰内斯堡可持续峰会会议资料”，载联合国约翰内斯堡可持续发展会议网页，http：//www. un. org/chinese/events/wssd.

29. “背景资料：2010 年全球重大自然灾害”，载新华网，http：//news. xinhuanet. com/world/2010 – 12/21/c_ 12904095. htm.

30. “声音 2013”，载联合国网站，http：//www. un. org/zh/index. html.

31. “聚焦哥本哈根气候变化大会”，载新华网，http：//www. xinhuanet. com/world/gzqqqhbh/.

32. “胡锦涛在联合国气候变化峰会开幕式上的讲话”，载新华网，http：//news. xinhuanet. com/world/2009 - 09/23/content_ 12098887. htm.

33. “联合国环境规划署驻华代表处正式成立”，载新华网，http：//news. xinhuanet. com/newscenter/2003 - 09/19/content _ 1090754. htm.

34. “联合国副秘书长：金砖国家绿色发展为世界提供契机”，载央视网，http：//m. news. cntv. cn/2015/04/22/ARTI1429661555671417. shtml.

35. “2009 年中国环境状况公报”，载环境保护部网站，http：//jcs. mep. gov. cn/hjzl/zkgb/.

36. “沿海地区土壤镉含量增幅超 50%　官方应对稻田镉污染”，载新华网，http：//news. ifeng. com/a/20150329/43440435_ 0. shtml.

37. “2013 年中国环境状况公报”，载环境保护部网站，http：//jcs. mep. gov. cn/hjzl/zkgb/.

38. 杨烨：“环境违法企业或面临民众实质问责”，载《经济参考报》2014 年 8 月 5 日。

39. 温家宝在第六次全国环境保护大会上讲话：“全面落实科学发展观　加快建设环境友好型社会”，载人民网，http：//house. people. com. cn/lddt/xinwen/060424/article_ 1839. html.

40. “李干杰在 2013 年全国环境保护国际合作工作会议上指出　探索环保国际合作新道路”，载《中国环境报》2013 年 5 月 22 日。

41. 江泽民在党的十六大上所作的报告：“全面建设小康社会，开创中国特色社会主义事业新局面”，载新华网，http：//news. xin-

huanet. com/newscenter/2002 -11/17/content_ 632260. htm.

42. “温家宝所作政府工作报告（十一届人大四次会议）”，载中央人民政府网站，http：//www. gov. cn/2011lh/content_ 1825233. htm.

43. “杨洁篪：中国外交事业蓬勃发展　世界更加关注中国”，载新华网，http：//news. xinhuanet. com/politics/2010 - 03/07/content_ 13114896. htm.

44. “盘点 2014：中国外交丰收之年——王毅出席 2014 年国际形势与中国外交研讨会开幕式并发表演讲”，载外交部网站，http：//www. fmprc. gov. cn/mfa_ chn/ziliao_ 611306/zyjh_ 611308/t1222375. shtml.

45. “习近平：积极树立亚洲安全观　共创安全合作新局面——在亚洲相互协作与信任措施会议第四次峰会上的讲话”，载外交部网站，http：//www. fmprc. gov. cn/mfa_ chn/ziliao_ 611306/zyjh_ 611308/ t1158070. shtml.

46. “王毅：可持续发展是实现中国梦和人类进步的必由之路——在联合国可持续发展高级别政治论坛对话会上的发言”，载外交部网站，http：//www. fmprc. gov. cn/mfa_ chn/ziliao_ 611306/zyjh_ 611308/ t1081237. shtml.

47. “胡锦涛：在中央人口资源环境工作座谈会上的讲话”，载新华网，http：//news. xinhuanet. com/zhengfu/2004 - 04/05/content_ 1400543. htm.

48. “历史灾难中实现历史进步——2010 年中国自然灾害警示录”，载新华网，http：//news. xinhuanet. com/politics/2010 - 09/09/c_ 12536801. htm.

49. “印度核能发电居亚洲第三 8 座新核电站在建设中”，载《环球时报》2003 年 2 月 20 日。

50. "温家宝主持召开国务院常务会议听取应对日本福岛核电站核泄漏有关情况的汇报"，载环境保护部网站，http：//www. zhb. gov. cn/zhxx/hjyw/201103/t20110317_ 207005. htm.
51.《关于印发〈全国环境保护国际合作工作（1999～2002）纲要〉的通知》，载环境保护部网站，http：//www. zhb. gov. cn/gkml/zj/wj/200910/t20091022_ 171938. htm.

五、英文文献

1. Pamela S. Chasek, *Earth Negotiations: Analyzing Thirty Years of Environmental Diplomacy*, John Hopkins University Press, 2001.
2. The American Institute for Contemporary German Studies (AICGS), *Environmental Diplomacy* (*Conference Report*), The Johns Hopkins University, 1998.
3. D. Kettle, *Sharing Power: Public Governance and Private Markets*, Washington, D. C.: Brookings Institution, 1993, p. 22.
4. "Environmental & US Foreign Policy", *Environmental Diplomacy*, http: www. state. gov/www/global/oes/earth. html.
5. Stephen D. Krasner, "Structural Causes and Regime Consequences: Regimes As Intervening Variables", *International Organization*, Vol. 36, 1982.

后 记

本书是在我2011年撰写的博士学位论文《冷战后中国环境外交的历史进程》的基础上修改完成的。在攻读博士研究生期间，我对国际环境问题的研究产生了浓厚的兴趣；在导师卫灵教授的悉心指导下，在杨建国、孟祥进等同门的热心帮助下，完成了毕业论文的选题，并敲定了本书的基本框架。在写作过程中，我发现国内外关于环境外交尤其是中国环境外交的关注较少、研究材料有限，使研究工作难以取得更多的参考和借鉴；同时由于我本人研究时间较短、研究能力不足、精力投入有限，对于一些重大问题，如中国外交战略转型与中国环境外交的关系、环境外交与中国国家利益的维护等问题，挖掘的不深，解读的不够。因此一篇博士学位论文虽然完成了，但是对中国环境外交的研究工作，我还只是一个刚刚入门的小学生。

在此后的三年中，我经历了一些工作和生活的变动，搬离了居住整整16年的昌平政法教工宿舍，成了名副其实的“城里人”，但是在昌平栖居时的山林之乐、求学之乐、朋伴之乐，却是我记忆中最美好的“神仙岁月”。在这三年中，我一直没有放弃对于环境问题的研究兴趣，断断续续阅读了一些环境伦理、生态政治和环境安全的专著，并坚持关注中国环境领域中的最新动态，在领略了环境理论的博大精深的同时，也深刻感受到了中国环境治理现实的巨大冲击。在这三年中，中国的环境治理发生了翻天覆地的变化，影响之剧烈、速度之迅猛、态势之强劲令人在应接不暇之余，最为直观地感受到了时代转型的巨大力量，从而感慨自己知识和能力的有限。我很欣喜地看到环境治理和环境外交的许多理论构想已经在中国的政策实践中成为现实，同时，也很苦闷地发现自己在三年前论文中的一些研究已经受到了现实的强烈颠覆，因此，觉得我有必要针对研究事实的变化和自己认识的调整，对这篇论文做进一步的修改和提炼，也算是给这三年陆续的学习生活交出的一份答卷。对于它的分数和结果，我不敢抱过高的期待，只是希望借此获得同道的批评和指教，激励我在环境外交的研究道路上一直走下去，风雨不改。

在论文写作和修改成书的过程中，我要感谢许多人：

感谢恩师卫灵教授对我的厚爱。在论文撰写期间，从论文最初的选题到最终的定稿，卫老师都逐一认真审阅、严格把关，针对论文的框架结构、行文布局，提出了大量详细而中肯的修改建议。这些年一路走来，卫老师不仅在学业上为我指点迷津，而且在生活中尤其是当我无助时，给予我无私的帮助与温暖的呵护。

由衷地感谢常绍舜教授、张秀琴教授、郜丽华教授、赵卯生教授在论文开题和修改阶段，给予我的关心和指点。

感谢年迈的父母对我的体谅，感谢楚序平先生曾给予我的鼓励，感谢朋友刘燕、赵殊、吕青芝、陈开元、赵娜对我的关怀，感谢杨建国、孟祥进等同门以及朱建平、张真真、王丽娜、张晓瑜、黄梓东、蔡伟真等同学无私的支持，感谢胡尚元、周爱华、林海虹、赵庆杰、李良才等老师的帮助。

老师、亲人、朋友们的鼓励和支持，是这一路上最温暖、最美好的记忆。

在本书即将结束之际，笔者斗胆篡改狄更斯在《双城记》结尾的名句，与陪伴我成长的师长朋友们，与那些在物欲横流的时代依然执着于修复美丽家园的人们共勉：

> 这是最糟糕的时代，这是最美好的时代；这是愚昧的年头，这是智慧的年头；这是怀疑的时期，这是信仰的时期；这是黑暗的季节，这是光明的季节；这是失望的冬天，这是希望的春天；我们全都在直奔相反的方向，我们全都在直奔天堂。

我们一同、一道、一直在重返美好家园的路上！

作 者

2015 年 5 月